U1017367

政务礼仪

ZHENGWU LIYI

杨金波◎著

中华工商联合出版社

图书在版编目（CIP）数据

政务礼仪 / 杨金波著 . -- 4 版 . -- 北京：中华工商联合出版社，2021.4
ISBN 978-7-5158-2647-9

Ⅰ . ①政… Ⅱ . ①杨… Ⅲ . ①公务员－礼仪－基本知识－中国
Ⅳ . ① D630.3

中国版本图书馆 CIP 数据核字（2021）第 048961 号

政务礼仪

作　　者：杨金波
出 品 人：李　梁
责任编辑：祖冲力　吴建新
装帧设计：张合涛
责任审读：郭敬梅
责任印制：迈致红
出版发行：中华工商联合出版社有限责任公司
印　　刷：北京毅峰迅捷印刷有限公司
版　　次：2021 年 5 月第 4 版
印　　次：2021 年 5 月第 1 次印刷
开　　本：710mm × 1000 mm　1/16
字　　数：150 千字
印　　张：14
书　　号：ISBN 978-7-5158-2647-9
定　　价：49.90 元

服务热线：010-58301130-0（前台）
销售热线：010-58301132（发行部）
010-58302977（网络部）
010-58302837（馆配部、新媒体部）
010-58302813（团购部）
地址邮编：北京市西城区西环广场 A 座
19-20 层，100044
http://www.chgslcbs.cn
投稿热线：010-58302907（总编室）
投稿邮箱：1621239583@qq.com

序言

能为杨金波先生的书作序，我感到很荣幸。

我和杨金波先生相识不长，此次应他的请求，为这本书写序，才知道他原是上海交通大学读工学的高才生。从读工学转到研究礼仪，这是学术科目的大跨越。然而，他在礼仪研究和实践上的建树却甚为显著，这是很值得庆贺的。

礼仪是人类文化的一个重要组成部分，是人类文明和社会进步的重要标志。它不仅是社会发展的要求，也是一个人乃至一个民族文明程度的体现。随着我国经济又好又快的发展、改革开放的深化和社会的全面进步，文明礼仪建设愈益成为推动中国特色社会主义事业的重要内容。各级政府和部门的公务人员是全社会文明礼仪建设的骨干力量。公务人员的形象，代表着各级政府乃至国家的形象。我曾在外交部工作近四十年，其间在礼宾司工作二十余年，几代中央领导人对国家公务人员礼仪方面的严格要求，我是深有体会的。可以说，礼仪是中国公务人员必须遵守的一种行为规范，具有强制性和代表性，是国家的门面。

我读了《政务礼仪》一书，对其有以下几点印象。一是针对性强。该书内容涵盖了公务人员文明礼仪建设的各个方面，把一个公务人员在日常工作和生活中一些应知、应会的礼仪作了详细的介绍。二是务实性强。该书通篇贯穿了两个字——实用，从实际出发，又落到实处。书中没有讲太多大道理，而是针对当前许多公务人员感到困惑的问题，如座次排序、左为上、右为尊等难点问题，作了详细、清楚的阐述。有些内容还设置了情境，使人感到身在其中，便于理解，容易操作。三是可读性强。该书语言表达通俗易懂，文字朴实流畅，不是说教式，而是诱导式，使人读起来有如在看一部精彩的小说，易产生兴趣，不致感到枯燥无味。总之，这是一本实用性很强的书，我真诚地向各级公务人员推荐，相信你们一定会有所收获。

另外，我在外交部礼宾司工作期间，主要负责中央领导人外事活动中的礼宾事务，很少对政务礼仪进行研究。此次写序，我也学到了不少东西，在此谨向作者表示谢意！

鲁培新

曾任：外交部礼宾司代司长

中国驻斯洛文尼亚共和国首任大使

目录

第一章 这些礼仪常识你未必知道

结语：礼仪是个人修养与文明的集中体现，中国自古以来就是礼仪之邦。作为公务人员，掌握必要的政务礼仪知识，既是个人修养的需要，也是职业的要求。

第二章 公务人员的精神面貌及仪容仪态

结语：公务人员的精气神、仪容、仪态，是建立自身可信任感最重要的方面。古语说，“相由心生”，得体的仪容、仪态，具有美感的坐卧行走，都是内心正气、从容的外在表现。所以，礼仪讲究的是“发乎内而形于外”。

结语：塑造自我形象，提高个人魅力，主要还是靠自己。着装对于一个人来说，绝不仅仅是一种包装，也是提高自信心、满足感和幸福指数的重要手段，更是一个人生活品位的真实体现。作为一个公众人物，你良好的着装品位可能会使全社会都受益。

第四章 政务会见礼仪

结语：关于会议、会见有许多应该掌握的礼仪规范，但是公务人员要做的并不是机械地恪守这些礼仪和规范，不管是与会者还是主会者，最应该做的是把礼仪与自己的个性和周围的环境结合起来，努力做到最得体、最自然、最不着痕迹，让对方感觉最舒服——这才是礼仪的最高境界。

第五章 政务座次礼仪

结语：座次礼仪就是为了体现尊卑有序。座次礼仪纷繁复杂，遵循由左右、前后等为区分的尊卑顺序，是为了体现对尊者的尊重。一旦尊者的个人意愿与礼仪规范产生偏差或者冲突，那顺从尊者的个人意愿会比坚持礼仪规范本身更重要。礼仪在特殊情况下，会有一定的变通性。

第六章 政务宴会礼仪

结语：如果说一个人的总体礼仪水准是由各个细节组成的，那么这些细节的单项分值不是相加起来的，而是相乘起来的。也就是说，有任何一个细节出现了单项零分，那总体礼仪水准也就是零分。餐桌礼仪是人们在日常生活和工作中最容易忽略的一个单项，因此我们更应该予以关注。

第七章　办公礼仪

结语：办公室是公务人员的工作场所，也是社会的缩影，它伴随着我们的工作、学习以及人生的喜怒哀乐。在这里可以自由些，但不能太任性；可以宽松些，但不能太无所顾忌；可以追求个性，但更要服从大局。一切都要掌握合适的尺度。

第八章　人际沟通礼仪

结语：中国传统社会一直有“巧言令色，鲜矣仁”的思想，这主要是对那些别有用心、工于心计的人所言，绝不是说能说会道、能言善辩有什么不好。实际上，对公务人员来说，提高语言技巧，增强表达能力是提高业务能力的重要指标。我们掌握的语言技巧可能不多，也可能永远无法达到语言大师的水准，但让自己的语言美化一些，是我们一定可以做到的。不让自己的语言带脏字，不说那些惹人不快的话语，慎重对待自己的每一次承诺，这样的人比单纯地追求语言技巧的人更值得尊重。

第九章 民族、宗教礼仪

结语：世界是由众多不同民族共同组成的，每个民族都有自己灿烂辉煌的文化，尊重不同民族的习俗，体现了礼仪的基本诉求。

第十章　涉外礼仪

结语：对外交往中的各方都希望准确地传达自己的意愿，也都希望完全领会对方的真实意愿，因此各方必须站在同一个平台上，使用同一种“语言”进行交流。这种共同的“语言”除了口头语言之外，还包括肢体语言和交流习惯，这就是涉外礼仪。这些涉外礼仪，不仅中国人在学习，世界各国的人们也都在学习。

第一章
这些礼仪常识你未必知道

对于很多人来说，“政务礼仪”这个名词可能并不陌生，但是要进一步说清楚其准确内涵，未必每个人都知道。“政务礼仪”绝不是一个简简单单的空泛概念，它有特定的含义、内容以及独特的发展历程。在这里，我们对于“政务礼仪”作了简洁而恰当的介绍，希望你在最短的时间里对“政务礼仪”有一个全面的了解。

一 礼仪之邦的礼仪要义

中国素称礼仪之邦，这是世界对中国的一种赞誉。因为我们中国人一直奉行知书达礼、温文尔雅的信念，走到哪里，都会让人有一种特别和谐、特别融洽的感觉。实际上，有些西方国家的礼仪也很完善，但是为什么这些国家没有被称为礼仪之邦，而单单只有中国获此殊荣呢?

这是因为中国的礼仪，自西周以来就被奉为国事，并且一直都伴随着官方化、官员化、制度化和规范化的进程，中国的礼仪，在相当长的一段时间内是在官方层面推广和普及的。而西方人则一般把礼仪当做一种人际交往的润滑剂，一种人与人之间沟通的艺术。从这个角度来说，礼仪对中国官员在一定程度上具有强制性，是一种必需的行为规范。我们现在所讲的政务礼仪是在中国传统礼仪与国际礼仪相互交流和影响下逐渐形成的。它是一种国家公务人员的礼仪，具有特定的适用范围。

政务礼仪又称公务礼仪，是国家公务人员在从事公务活动、执行国家公务的过程中所必须遵守的礼仪规范。可见，政务礼仪的适用对象，是每一个在职的国家公务人员，也包括以公务人员管理制度为参照的机关、军队、社会团体和有关事业单位的工作人员。它的适用范围，在于公务人员或相关人员履行自己职责的整个过程。政务礼仪的核心是：公务人员要政治坚定、忠于祖国、勤政为民、清正廉洁、团结协作、品行端正，提高国家行政机关的工作效率，提高国家行政机关的国际形象和国家公务人员的个人形象。

完美的政务礼仪活动，离不开以下四个要素：政务礼仪的主体、政务礼仪的客体、政务礼仪的媒体和政务礼仪的环境。

政务礼仪的主体

政务礼仪的主体，是指政务礼仪活动的策划者和操作者。根据政务礼仪活动规模的大小，政务礼仪的主体既可以是个体，也可以是组织。当政务礼仪活动规模较小、行为较简单时，其主体往往是个人。当政务礼仪活动规模较大、行为较复杂时，其主体则通常是组织。最常见的政务礼仪的主体就是各级政府和其他官方机构。政务礼仪的主体，是政务礼仪活动的发起者，缺少了这个主体，政务礼仪活动便无从谈起。

政务礼仪的客体

政务礼仪的客体，是政务礼仪活动的主体表达尊重的对象和目标，既可以是个人，又可以是组织，甚至可以是物体。没有这个客体，政务礼仪就失去了目标，就不能形成一次礼仪活动。政务礼仪的客体与政务礼仪的主体之间是对立统一的关系，二者缺一不可。

政务礼仪的媒体

政务礼仪的媒体，是指政务礼仪活动所依托的媒介，是政务礼仪内容与形式的统一。任何政务礼仪行为都必须借助媒介，不借助媒介的政务礼仪行为是不可能实现的。政务礼仪的媒体，主要由人体礼仪媒体、物体礼仪媒体、事体礼仪媒体等构成，比如得体的着装、漂亮的鲜花、精美的餐具，以及仪仗队等。通过这些媒体，政务礼仪活动可以把主客体之间的关系和活动的主旨巧妙地表现出来。

政务礼仪的环境

政务礼仪的环境，是指政务礼仪活动得以进行的特定时间和空间条件。它是由自然环境和社会环境两部分组成的。政务礼仪的环境，对政务礼仪活动具有很强的约束性，它决定了政务礼仪活动开展的方法、规模和形式。政务礼仪的环境对政务礼仪的主体、客体以及媒体都具有约束性。比如，天气情况属于自然环境，开幕式如遇晴天可以在室外举行，如遇阴雨天就最好在室内举行；再如，欢迎人群属于社会环境，如果欢迎人群具有很强的组织性和纪律性，就可以安排外宾与人群近距离接触，如果欢迎人群是街道上的自由民众，出于安全考虑，就不应该安排外宾与人群有近距离接触。

安排一次政务礼仪活动，以上四个要素都应该考虑，对其中任何一个的疏漏，都可能会影响整个活动的庄重性和完美性。

二 政务礼仪的“前世今生”

中国的礼仪自产生以来，就具有官方化、官员化、制度化和规范化的特点。事实上，从夏朝开始直至西周早期，中国的礼仪就已经以比较古老的方式进行并且逐步演变了。夏朝侧重尊祭天地，商朝侧重尊祭神鬼，而周朝则侧重对人的尊重。这些活动通常都由部落的巫师、首领或者王朝的天子策划、操作和实施，是中国政务礼仪的雏形。

到了西周初期，周文王的第四个儿子周公旦（史称周公，见图1），为了巩固西周统治，规范国家大典中官员的言行举止，加强对民众的教化，制定了中国早期的礼乐制度，以体现尊卑有序，史称周公“制礼作乐”。后人又整合并增加了社会生活中的其他内容，形成了

▲（图1）周公是中国政务礼仪的鼻祖

中国流传至今的第一部礼仪专著《周礼》。《周礼》所记载的“礼”非常具有系统性和完整性，既有祭祀、朝觐、封国、巡狩、丧葬等的国家大典规范，也有用鼎制度、乐悬制度、车骑制度、服饰制度、礼玉制度等的具体规制，还有各种礼器的等级、组合、形制、大小等的规范。

专家小贴士

周公旦

姓姬，名旦，周文王姬昌第四子，西周时期杰出的政治家、军事家、思想家、教育家，被尊为儒学奠基人，是孔子一生最崇敬的古代圣人之一，因采邑在周，故称“周公”。周公的成就从流传下来的历史文献看，主要为军事上二次克殷，辅佐周王统一了东方；政治上确立了以宗法制度为核心的嫡长制以及分封制；文化上制礼作乐，集周礼之大成。

为了维护奴隶主的统治，等级森严的奴隶制礼仪形成了，它是由原始宗教仪式发展而来的。奴隶制礼仪主要的内容体现在《周礼》中的“五礼”部分，具体说来就是吉礼、凶礼、宾礼、军礼和嘉礼。这是奴隶制社会礼仪的总结、汇编，囊括了人对天地鬼神的祭祀之礼，家族、朋友、君臣、主从之间的交际之礼等。此外，还记述了表现人生历程的冠、婚、丧、葬等礼节。这些内容，对后世人们的行为规范有着深远的影响，是现代政务礼仪的基石。

公元前770年至公元1911年被称为封建制礼仪阶段。这个阶段的礼仪，主要伴随以孔孟为代表的儒家思想的产生及其统治地位的确立而发展壮大。值得一提的是，西汉儒学名家董仲舒向汉武帝提出了“罢黜百家，独尊儒术”的思想并被最终采纳，由此，中国的礼仪便形成了以儒家思想为行为依据的局面，并一直延续了两千多年。儒家思想有选择地继承了之前的各种礼仪规范，并将其道德化，甚至宗教化，进而形成了中国封建社会的道德规范和行为准则——“封建礼教”。“封建礼教”的形成对中华民族形象的塑造影响重大，但随着社会的发展和变革，特别是封建社会后期，它越来越成为束缚人们思想、行为的枷锁，阻碍了社会的进步。

封建制礼仪阶段的政务礼仪最为明显的特征就是：人们的思想和行为被纳入封建道德的轨道，其形式之具体，内容之全面，表现出封建伦理道德的强大约束力。封建制礼仪融会了国家法权和道德伦理，要求官员和民众绝对地尊崇皇权，践行礼仪，最终将人们教化成了“非礼勿视，非礼勿听，非礼勿言，非礼勿动”的精神奴隶。封建制礼仪以“礼”为核心内容和主要手段，它的根本思想就是一整套服从法则，其所谓“天地君亲师”，就是告诉人们要无条件地服从天地的法则，无条件地服从君王的统治，无条件地服从祖先的训诫，无条件地服从师尊的教诲。

封建制礼仪在形成和发展的过程中对社会的进步，起到了一定的积极作用，它的伦理道德和行为规范维护了封建国家的统治，稳定了社会秩序。但归根结底，封建制礼仪都是为统治者服务的，当这种礼仪规范变得越来越繁杂的时候，就形成了社会发展的阻力，人们的思想和行为被其禁锢，人们对真理和谬论的判断力也逐渐失去。所以，从辩证的角度来看待封建制礼仪，分清其中的“沙粒”和“金子”，是非常必要的。

公元1911年至公元1949年是近代政务礼仪阶段。辛亥革命的胜利推翻了统治中国两千多年的封建制度，同时也慢慢解除了封建礼教对人们思想的束缚。随着中国政治体制的根本变化，近代礼仪制度逐渐形成。西方资产阶级思想逐渐影响中国，接受了这些思想的中国青年和知识分子，掀起了解放思想、废除封建礼教的风潮。他们提出废除尊卑等级的主张，推行互相尊重、人人平等的新礼仪。

近代政务礼仪体现了自由、民主、平等等原则。人们的思想在一定程度上得到了解放，具有时代特点的礼仪形式也应运而生。近代政务礼仪废除了封建礼教中的陈规陋习，形成了不同以往的礼仪规范。具体表现为废除跪拜礼、改变称呼、禁止缠足、严禁鸦片，等等；同时，引进鞠躬、握手、鼓掌等西方礼仪行为。

近代政务礼仪借鉴了西方礼仪之长，打破了封建制礼仪的桎梏，顺应了世界的潮流，对中国走向世界，中华民族与世界各族人民的友好往来起到了很大的促进作用。

公元1949年，新中国成立了。人们的社会关系和社会地位发生了翻天覆地的变化，广大劳动人民当家做主，成为了国家的主人。平等、友善成了人与人之间的交往准则，崭新的社会关系和时代风貌标志着我国政务礼仪进入了新的历史阶段。

政务礼仪是人类社会发展和进步的产物，是不同的礼仪文化相互交汇的结晶。新中国的发展日新月异，人们的生活环境和生活状态每天都在发生变化，新的礼仪规范也不断形成和发展。

中国的礼仪文化传承了数千年，纵观其发展历程，就会发现礼仪文化的发展反映了社会文明的发展。从维护统治阶级利益的奴隶制礼仪演变为反映广大人民利益的新礼仪，可谓时代之进步，思想之进步，文明之进步。

今天，中国数千年礼仪文化的精髓早已影响整个世界，同时中华儿女也敞开了博大的胸怀将世界先进礼仪文化吸纳过来，形成了新时期的国际化的政务礼仪。

中国在强调社会主义物质文明建设的同时也强调社会主义精神文明的建设，能够反映社会形态变革和社会文明程度的政务礼仪，也在不断地完善和发展，这是历史进步的必然。我国的政务礼仪顺应时代，遵循历史，随着社会主义市场经济体制的建立，必将进入一个新的发展阶段。

有一种高贵叫文明，有一种财富叫精神。具有五千多年文明传承的中华民族，在新的时代里，也必将赢得世人更多的尊重和推崇。

三 “律己敬人”就是最好的礼仪

只要有政务活动，就离不开公务人员，所以公务人员必须掌握政务礼仪的规范和精髓，在日常工作中，应做到以下几点。

1.提高个人素质，约束个人行为

公务人员应该注意个人的礼仪修养。每个公务人员都应该首先是实实在在生活在老百姓中间的个人，因此应该按照“老老实实做人，踏踏实实办事”的原则规范自己的行为。凡事要推己及人，要与人平等交往，切不可有高高在上的“老爷”思想。与人说话要和气一些，待人接物要客气一些；上班之前整理一下仪容，显出一身正气；穿着注意得体有度，显出个人的自律。“脸难看、事难办”的做法不但影响公务人员个人口碑，也会影响公务机关的形象。

2.遵守工作规范，展现官方形象

要注意学习和掌握工作中的各种规范和要求，面对群众、客人或领导要展现出得体的官方形象。公务人员的一言一行，不但代表着自己的素质和风度，也代表着官方的形象。尤其在参加重大场合的公务活动的时候，要有庄重之情，要有敬畏之心，要有尊重之举。须知政务礼仪的首要原则，就是“尊重”，这也是政务礼仪的灵魂所在。中国古代重要的典籍《礼记》中曾说过：“夫礼者，自卑而尊人。”对于公务人员来说，尊重别人不仅是一种美德、一种修养，也是一种责任和本分。

3.处理好礼仪的个性和共性的关系

任何一种礼仪都是由具体的人表现出来的，因此每个人的礼仪都具有一定的个性特点。无论是个人礼仪还是政务礼仪，都不可避免地具有个人风格。这是正常的，也是值得提倡的。只有这样，礼仪才会让人感到舒服、自然，感到真诚、尊重。有些朋友在学习礼仪的过程中，过分地追求礼仪的规范和标准，结果表现出千人一面的刻板形象，甚至走进了“邯郸学步”的死胡同。比如，有些礼仪初学者要求自己微笑时必须要露出八颗牙齿，站立时双手一定要放在大腿外侧裤缝处，握手时间一定要控制在几秒钟，结果弄得自己和对方都很紧张。这样做不但不能表现出个人魅力，反而会让人敬而远之。这就走向了礼仪的反面。

同时，政务礼仪又具有严格的规范性，这是官方礼仪的特点。比如，男性公务人员穿正装时只能穿白衬衫，女性公务人员在正式场合只能化职业淡妆；再如，官方主席台就座只能是以左为尊，而涉外会见就只能是以右为尊。这些都是政务礼仪的共性，是不可以随意改变的。

政务礼仪提倡的是“尊重规范，体现个性”。“上善若水”，水无定形，礼仪也不是刻板的。礼仪的根本目的是在不失自尊的前提下表现出对他人的尊重，只要有一颗“律己敬人”的真诚之心，礼仪的标准尺度不必刻意追求。

专家小贴士

《礼记》

《礼记》是记录中国古代典章制度的一部重要著作，编定者是西汉著名礼学家戴德和他的侄子戴圣。戴德选编的八十五篇叫《大戴礼记》，后来逐渐散逸，到唐代只剩下了三十九篇。戴圣选编的四十九篇叫《小戴礼记》，就是我们今天见到的《礼记》。东汉末年，著名学者郑玄为《小戴礼记》作了精辟的注解，使得它盛行不衰，逐渐成为经典，一直流传至今。

结语 礼仪是个人修养与文明的集中体现，中国自古以来就是礼仪之邦。作为公务人员，掌握必要的政务礼仪知识，既是个人修养的需要，也是职业的要求。

第二章

公务人员的精神面貌及仪容仪态

一名合格的公务人员，一定要给人以精致体面的感觉，也就是说，在与人见面的初期阶段就要展现出良好的精神面貌和仪容仪态。怎样才能做到这一点呢？我们接下来将要介绍很多细节。我相信，其中的每一个细节都不难做到，但难就难在持之以恒地把所有细节都做到位。如果你真的做到了，你一定会展现出一个公务人员独具魅力的精神面貌，从而受到人们的尊重。

一、精神面貌：正气、温和、镇定、从容

公务人员，也和我们生活当中的普通人一样，有着自己的个性：有些人含蓄，有些人内敛，有些人张扬，有些人随和，有些人刻板……这些都是很难改变的，也不要试图去改变它，因为这是人的正常性格。但是，一旦你以公务人员的身份出现在众人面前时，你的脸上就必须有一种符合公务人员身份的表情。

正气

许多公务人员内心都充满了正气，但是光在内心充满正气还不够，一定要在外在表现出来。怎么表现？用眼神来表现。眼睛是心灵的窗户，能将你内心的真实情感表现出来。那么该怎么做呢？眼神要体现出四个字：正、直、平、稳。当你和别人交谈的时候，要从正前方平视对方的眼睛，而且目光要平稳，一定不要透露出犹疑诡异的感觉，不要飘忽不定，要大大方方地看着正前方。不论是站在主席台上，还是在办公场合，都要注意身体正面冲向说话对象。

温和

很多公务人员认为要表现出官方权威，就应该严肃一些，也有人认为，公务人员应始终以微笑示人。其实，公务人员最恰当的表情应该是温和一些，给别人一种和善、平易近人的感觉。要知道，表情是一个人感情和情绪的外露，包含了很多的信息，而面部是表情最为集中的地方。

在人际交往中，人们的表情也最为人所关注，其礼仪功能和表现力十分强。虽然我们不一定要时刻都面带微笑，但是在正式场合，表情一定要自然、生动，不能太过冷淡或者僵硬，甚至是傲慢，因为我们需要和别人去交流。在有些场合，恰当的表情比语言更能达到良好的效果。

比如对方说到了什么开心的事情，我们不妨跟着一起笑，一起乐；如果遇到对方情绪低落，我们可以用诚恳的表情和理解的目光给予对方安慰；如果不能把握对方的情绪，亲切、真诚的微笑可能会让对方感到轻松愉快。即使参加一场乏味的会议或者倾听别人的不快，也要尽量保持礼貌，不要露出反感或者心不在焉的表情。

请记住，一个公务人员，特别是领导，如果天天都是“嘴角撇着，脑门皱着”的形象，他一定是一位不招人喜欢的领导。在众人面前，要将嘴角放平，女士可以把嘴角微微上扬，不一定非得是微笑，但一定是一种平和的表情。

与人为善不一定非得过分客气，但一定是发自内心的融洽和亲和。一定不要当众发火，更不要当众斥责别人。批评是不可避免的，但威严的话语可以用温和的口气说出来。越是领导，越要用温和的方式来彰显自己的自信和权威。

镇定和从容

另外，公务人员遇事要镇定、从容。遇到重大事件，一定不要惊慌失措或者六神无主。如果在众人面前，需要由你来做主心骨，你可以刻意地放慢动作、放慢节奏、放慢语速、放实声音，人为地让现场冷静下来，用一种相对平和、镇定、从容的方式来指挥现场。大事如此，小事也一样。如果你坐在主席台上，有些观众迟到了，现场出现了一些骚动，比如有一些嘈杂的声音，这时不要用眼睛使劲儿盯着去看，特别是有一个移动目标从你前面走过，你不要像观众一样，目光飘忽不定地跟过去。因为这表现出你内心不是那么的坚定，领导干部在众人面前要表现出对现场充分把握的能力。如果你表现出处变不惊、临危不惧的这样一种神态，那就可以给别人留下一个非常好的初步印象，一种基本的信任感就有可能建立起来，这一切都与你公务人员的身份是相吻合的。

总之，正气、温和、镇定、从容，就是公务人员在政务场合的标准表情。这样，公务人员才能给人留下值得信任和值得尊重的印象，才能够真正地代表官方形象。

给你一个建议，时间和条件允许的时候，架起一台摄像机，把摄像机镜头当做观众或者谈话对象，模拟你最常进行的说话情景，真实自然地把自己的神态、表情和说话方式记录下来，然后反复观看，并请你的家人和最好的朋友帮你纠错。这不仅有利于你的工作，而且你的生活也将因此受益。

专家小贴士

中国的玉文化大约有八千年的历史，古人有“黄金有价玉无价”之说，习惯以玉比人、以人比玉，并称赞玉有四德——温、润、光、泽。这四德也恰恰是中国人对一个人的最高评价，它体现了中国人对敦厚、含蓄、不张扬、不外露的性格的推崇。玉的这种特征其实也是政务礼仪的精髓所在。

二 仪容：公务活动里的第一张“名片”

仪容，通常指人的外观、外貌。在公共场所和政务活动中，仪容会在第一时间引起交往对象的关注，并影响到对方对你的整体评价。重视仪容，既是自尊自爱的表现，也是尊重他人的表现。一个合格的公务人员，在工作场合，会对自己的仪容十分重视，因为他明白，自己代表的绝不仅仅是个人的形象，还有所在单位或者部门的形象。关于仪容，公务人员只要把握好面部、手部以及发型这三个方面，就一定不会让大家失望。

1.脸面脸面，脸干净才体面

不管你是不是经常登上主席台，只要你是一个公务人员，在众人面前，你就必须要做到面容整洁，这是体面人士的最基本要求。男士最忌讳的就是胡子拉碴，女士最忌讳的就是面部不洁、头发凌乱。即使没有时间把自己打理得一丝不苟，也不应该不修边幅，因为公务人员往往是人们关注的焦点。

男性公务人员应该每天早晨剃须，女性公务人员应该适当地化点儿职业淡妆。眼角的分泌物一定要及时去除，眉毛也可以适当修整。鼻子的清洁也很重要，鼻腔里如果有异物，不但自己难受而且也影响讲话。但是，如果要清洁鼻子，最好不要在公共场合，因为擤鼻涕和挖鼻孔等行为都是很不雅观的。平时洗头、洗脸或者洗澡的时候，最好顺便清洁一下耳朵。尽管耳内的分泌物对耳道有保护作用，但是如果不幸跑到耳朵外面，那也是很不美观的。

有些男士毛发比较重，会有一些耳毛或鼻毛，这要特别注意，千万不能让它们外露，要养成定期修剪的习惯。男士们应特别注意，耳毛和鼻毛的外露是很不雅观的。

还有一个有损形象的现象——口腔异味。有些人习惯抽烟，或者吃一些刺激性的食物，比如大蒜、韭菜、带鱼腥味的东西。如果在正式的办公场合，张口呵出难闻的气味，别人的感觉一定不好。最好的办法就是不吃这些有异味的食物，尤其是中午这顿饭，更不要吃。一旦吃了，就一定要把口腔异味适当地清除一下，刷刷牙，漱漱口，嚼嚼茶叶、口香糖，或者用口洁喷雾剂清理一下，这才是公务人员应有的体面。

专家小贴士

烟草中含有大约1200种化合物，其中很多都有毒性，尤其是尼古丁，危害最大。吸烟有害身体健康早已成为共识，而事实上，二手烟对健康的危害也相当大，因此在公共场合吸烟的人往往会引起别人的反感。公务人员应该做到在会场等公共场合不吸烟，当然，能戒烟自然最好。

2.化妆要避免越化越丑

作为公务人员，尤其是高层领导，在正式的场合，不论男女，都要适当地把自己装扮一下。男士穿正装的时候，别让自己胡子拉碴、皮肤紧绷、面容暗淡无光，别让皮肤直接暴露于强烈的阳光下或者冬日的寒风中，这样会显得很苍老、不精神。建议男性公务人员每日剃须，每次洗完脸之后用一点儿护肤霜，夏天在烈日下工作时要用防晒霜。对于女士来说，化妆是对别人的一种尊重，不化妆反而是不合适的。政务场合，女士应该适当化点儿妆，比如上粉底、扑腮红、涂口红（唇膏）、画眼线、描眉等，这不但可以在一定程度上体现自尊，也是对别人的尊重。女士化妆应以职业淡妆为宜。职业淡妆包含三个要素：粉底、眼线和唇膏。

关于化妆有四个境界，我们可以从中感悟到化妆“度”的把握是很重要的一门功课。

最高境界

化妆以后就像没有化妆一样，也就是不露声色地美化了自己。中央电视台首席化妆师徐晶曾经给很多中外政要化妆，她的成功之处在于，只须简单地修饰和点缀即可有画龙点睛的效果。电视观众根本没有意识到嘉宾化了妆，却感受到了嘉宾的绝佳风采。为别人化妆达到这种境界，的确需要高超的技巧，但给自己化妆，达到这种境界并不是特别困难的一件事，因为每个人都有充分的时间了解自己的面部特征和性格特点。充分了解了自己，便可略施粉黛，锦上添花。

第二种境界

化妆之后比之前更漂亮了，这是多数人化妆的目的。像新娘妆、晚妆、庆典妆，美则美矣，但化妆的痕迹一览无余。

第三种境界

化妆以后把自身的缺陷弥补了，这是化妆的最低要求。我们的身体没有那么完美，有缺陷的地方可以通过化妆得以掩饰。如：皮肤较黑给化白了，眼睛较小给化大了，鼻子较塌给化挺了。这也是每位女士在生活中需要达到的化妆水平。

第四种境界

化妆以后还不如不化，也就是化妆反而把自己化丑了。读者们可能会想，这也太可惜了！其实，放眼望去，还真的有不少人是处于这种状态，明明天生丽质，但化完妆之后把原来的优势全都抹没了。这可能是由于对化妆技巧掌握不到位或者对自己了解不够，但实在令人惋惜。

其实，在现实生活中，有不少女士的化妆效果实际上是这四种境界的组合。也就是说，有些部位化妆后起到了画龙点睛的作用，但也有些部位化丑了。

通过这四种化妆境界的比较，每位女士都应该把自己的特点再重新审视一下，或者多听听别人的意见，尽可能更全面、客观地了解自己，尽可能提高自己的化妆境界。

一些女士会用亮晶晶的唇彩，这种过度地彰显自己女性特色的妆扮，不论是在正式的会议场合还是在办公室场合，都是不太适合的。

最后需要强调的是，不管是化妆还是补妆，一定不可以当着众人的面，这是一种基本素养。（见图2）有些女士喜欢当众涂口红或指甲油，

▲（图2）当众化妆有失礼仪

这可是不好的做法，合符礼仪的做法最好是到化妆间（卫生间）去。

女士们可以走到镜子前，仔细地观察观察自己，看看自己哪里最美，下次化妆可不再化这个部位；再看看自己哪里有不足，下次要着重美化这个部位。要是说不准，就问问你的家人，问问你的朋友，或者干脆走进美容院，听听专业人士的建议。把自己打扮得得体和漂亮一些，会极大地增强你的自信心！

专家小贴士

如果你有相关权限，建议在你的办公楼的入口处摆上一个“正容镜”，使得每一位走进办公区的人都能自然而然地整理一下自己的仪容。镜铭就用周恩来总理在南开学校读书时所用的四十字容止格言：“面必净，发必理，衣必整，纽必结。头容正，肩容平，胸容宽，背容直。气象：勿傲、勿暴、勿怠。颜色：宜和、宜静、宜庄。”

3.头发是人的第二张“脸”

有句话这样说：头发是人的第二张“脸”。道理是显而易见的——你在观察一个人的面容时，不可避免地要看到他的头发。而公务人员在大多数场合是不能戴帽子的，所以公务人员的头发一定要整理得当，既要符合大众的审美，又要彰显公务人员的正气。我们主要从两个方面来讲头发的问题，这两个方面分别是修剪和护理。

先说修剪的问题。男士一般应一个月左右修剪一次头发，女士因个人情况而异，通常情况下一般不超过两个月，因为长时间不理发发梢会显得很不整齐。男士最好不要留长发，也不要太短，尽量不要留秃头。男士留发的要求可概括为三句话：前不覆额、侧不掩耳、后不及领。女士的头发长度要和身高相匹配，但是不要太短或太长。

头发的护理内容相对多一些，可以分成两点来说明。

梳洗

不论男女，都应该至少三天洗一次头发，夏天则最好每天都洗。洗发的标准就是洗完之后不油腻、没有灰尘、没有头皮屑、没有异味。洗完以后，头发还要梳理整齐，不要乱糟糟的，因为很多事情都是“从头开始”的，包括别人观察你的外表。

护发

护发的基本要求就是保持头发的健康、秀美、干净、清爽。除了这些，合理地染发也是可以的，但是不能出现颜色不统一的情况。

对于女士来说，在一些正式场合或用餐场合，长发就不能披着了，必须把头发扎到后面。还有一点，女士束发所用的发卡、头绳或发带等，最好选择质地朴实、图案简单的类型，颜色鲜艳或者带有卡通、动物、花卉一类图案的发饰，是不适合公务人员的。男士不适合用任何发饰。

公共场合，为固定发型，男士和女士都可以适当地使用些发胶、摩丝或啫喱水之类的护发用品，但男士应以不明显为宜，女士以不夸张为宜。

女性公务人员的头发一般不会太脏乱，但是往往会有一些特别新潮、怪异的发型，这是不可以的，因为这不利于公务人员彰显自己的正气。不过适当地染发是可以的，但是不能“挑染”，更不能出现青一道、紫一道的情况。

留长发的女士们要注意，有三种场合不要让长发飘露在胸前：第一，正式场合；第二，正式用餐的宴会——不要一低下头，就看到头发飘了下来，有头皮屑、头发掉下来就更加不好了；第三，穿正装的场合——穿上正装是要彰显庄重大方，而不是要过分强调女性的魅力。这三种场合，都要把头发扎到后面去。

专家小贴士

头发护理常识

1.洗头发之前最好用梳子先将头发梳理通顺，这样既可以将附着在头皮表层的污垢去除一部分，又可以刺激头皮，有利于头部的血液循环。

2.洗头发的水最好是花洒式的，这样可以均匀受力，缓解头部压力。

3.洗完头发之后，最好先用手将多余的水分挤出来，再用干毛巾轻轻擦拭，这样会最大限度地减少对头发的伤害。

4.让你的手“拿得出手”

在很多时候，手既可以完成各种工作，又可以用来传达礼仪，比如握手、挥手。如果我们的手“拿不出手”，那该是多么尴尬啊！因此，公务人员要保持手部的卫生，餐前便后以及外出回来都要及时洗手，而且要尽量勤洗手，这样既保证了手的美观，又保证了自身的卫生和健康。

不论在什么场合，公务人员都要保证手一伸出来是干干净净的，不要留长指甲，更不要有脏指甲。指甲一定要定期修剪，以免过长而导致里面藏满了难看的污垢。对于公务人员来说，无论是为了美观还是实用，都不应留长指甲。需要工作的手不要留着长指甲，指甲的长度应该不超过指尖。男士尤其应该如此。女士适当地涂一点指甲油，这是可以的，但是不要涂得太浓艳，要淡一点，这样既能够起到美化手的作用，又不会过分地招摇。有些男士，会有些指甲上的毛病，适当的涂一点无色的指甲油可以起到遮掩的作用。如果夏天穿凉鞋，脚指甲也同样需要保持干净、整洁。但是要注意，当众清理指甲、修剪指甲和涂指甲油都是没有礼貌的做法。

除了清洁，手也是需要细心护理的。做事的时候注意安全，不要把手弄伤；如果发现手变得红肿、皴裂，甚至发炎、长癣，要尽快护理治疗；手上突起的死皮，也要及时修剪掉。

除了手本身，手臂也要保持干净。有些人手臂上的汗毛比较浓密，或者有比较明显的伤口、疤痕，都应该适当地遮掩一下。

除了手部的整洁，还有一点要注意：在正式的政务场合里，手臂最好不要裸露出来，长袖衣服总是比短袖衣服显得更加正规些。

三 仪态：张弛有度、得体大方

身为公务人员，当你在别人面前出现的时候，必须有合适的举止来配合你所应有的精神面貌。公务人员的精神面貌可以概括为：正气、温和、镇定、从容。那么，你该怎样表现出这八个字呢？这就需要你通过一些外在的形式，比如站、坐、行、蹲、手势等肢体动作，来展现出你内在的积极向上的东西。

1.头部动作信息多

应该说，头部的动作在人际交往中最容易被人观察到，这其中包含了许多当事人的情绪信息。有一些词是形容头部和情绪的关系的，比如点头哈腰、垂头丧气，等等。

头部动作基本可以分为点头、摇头、抬头、低头等，但是其中的意义在不同场合和情景下又各不相同。我们把头部的动作分别来讲解一下。

抬头

抬头挺胸、目视前方，表示一种中正大气的精神面貌。同时，抬头有时也表示自信，在谈话时保持抬头的姿势是对对方的一种尊重。但是如果把头高高昂起，那就有些强势或者傲慢的感觉了。

头部倾斜

头部倾斜表示对某样事物感兴趣，而且女性多有这种姿势。如果你正好在发表报告或者演说，有听众做出这样的姿势，那你就可以确认自己的发言有人感兴趣了。

低头

压低下巴的动作表示谨慎、否定，又或者表示低落的情绪、沮丧的情绪。如果要确定人们为什么低头，那要看当时的实际情况。如果你恰好在当众发言的时候看到了听众的这种动作，那你就该调整语言唤起听众的情绪了。

以上所说的都是一些普遍的头部动作所代表的含义，在人际交往中，我们既可以以此来观察交际对象的反映，也可以以此来规范自己的行为，避免失礼的情况发生。

2. 手势传“情”有要领

正式场合请别人入座的时候，应该是四指平伸，大拇指正常分开，男士把手掌立起来，女士手心可以适当朝上，自然地伸手即可。在与远距离的人打招呼的时候，应该举手以掌心示向对方，不要以食指指人，或者以手指勾人。手应该自然平伸，避免手指分开或弯曲，既不必像礼宾人员那样紧绷刻板，也不要显得太没有规矩，总之以轻松自然、得体有度为好。

3.站立姿势要挺拔

身为公务人员，肢体动作一定要得体有度、大大方方。站立的时候，要抬头挺胸，双手自然下垂，收腹提臀，双脚自然地平均用力。（见图3、图4）而不要一条腿站直，另外一条腿蜷在一边虚着，

▲（图3）女士正确的站姿

▲（图4）男士正确的站姿

也不要挺着肚子，更不要老是低着头。有人会问，这么多的要求，怎么一下子都能做到呢？我介绍一个方法，你可以试试看：把自己想象成是一个提线木偶，线在头顶上稍微偏后一点的位置，想象着自己被这条线提起来，身体会有一种悬空离地的感觉。如果头顶的线位置找准了，线提起的时候，我们就会自然地把头抬起来，自然地把胸挺起来，自然地把双手垂下，自然地把腹部收回去，双脚也会自然地平均用力。这种站姿就应该是自然挺拔的站姿了。你可以一边看着电视一边感觉一下，找准头顶的那个虚拟的位置，想象着线往上一提，你的站姿就一定是得体的。

在非正式场合，你可以站得休闲一点，手、脚的位置可以随意一些，但在正式场合你一定要站得自然、挺拔。

专家小贴士

有些男士有含胸驼背的习惯，严重的骨骼甚至已经变形。想要改变的具体做法是，在家里背靠墙壁，身上九个点要贴在墙面上：后脑、双肩、双臀、双腿肚、双脚后跟。每天至少坚持15分钟，三个星期之后，基本就可以形成得体的站姿。这时候如果再驼背，反而会觉得累。

4.场合不同，“坐”法不同

不同的场合，公务人员的坐法可以不太一样，休闲的场合休闲地坐，正式的场合正式地坐。正式场合，如在会议室里，如果领导正在讲话，与会者坐在宽大的沙发里，不要斜靠沙发或者仰靠沙发，否则就是对领导的不尊重。这时应该将上身立起，略微往前倾一点，双手自然地放在膝盖上。这就是倾听的姿态。女士在公共场合，坐宽大的沙发时，双手不要分别放在两侧的扶手上，最得体的是只有一只手放在扶手上。

休闲场合可以适当地将一条腿叠放在另一条腿上，就是所谓的“跷二郎腿”。但这要注意三点：第一，不能抖动腿脚，要稳重些；第二，脚尖不要指向谈话的对象，脚尖指向对方在国际惯例中被视为对对方的不尊重；第三，鞋底不要露出来。拜见领导、参加政务会见，最好不要跷二郎腿。

在自己的办公室里，坐姿可以适当地随意一些，甚至为了舒服点

专家小贴士

公务人员想使自己在公共场合的表现更加得体，可以在家里架设一台DV，拍摄自己的日常活动，然后反复播放，跟家人一起观看，找出自己的一言一行，包括走路姿势、说话语调等不自然、不得体的地方，加以改正。

儿，可以坐满椅子（就是身体后挪，背部紧靠椅背，这样的坐法既省力又得体）。但是正式场合最好不要全都坐满椅子，以坐2/3或者一半为好，这样才能表现出你对这个场合、对对方的尊重。（见图5）

▲（图5）正式场合正确的坐姿

5.蹲姿要体面、美观

在正式场合，公务人员要尽量避免当众蹲下。蹲下合影或者捡拾物品的时候，要做到单腿下蹲，双腿下蹲是不体面的做法。女士如果穿着职业套裙需要下蹲的时候，由于裙子比较短而没有办法单腿下蹲，应该把两条腿并拢斜向一侧，避免两腿中间正面向人。女士如果穿着职业套裙上底盘较高的车辆，如吉普车、SUV等越野车，一般不要直接迈腿上车，得体的做法是，先坐到车上去，然后将两条腿平抬起来，挪到车里边去。

6.男走两条线，女走一条线

公务人员出现在众人面前的时候，一定要注意走姿的美感，具体来说，就是要抬头挺胸，目视前方，双肩保持水平，双臂自然摆动，双手自然合拢，脚掌用力，重心上提，阔步前行。有一个原则，叫“男走两条线，女走一条线”，是说男士双腿要适当分开一些，女士双腿要适当并拢一些。有些常见的不得体的走路姿势，如摇晃肩膀，鞋跟触地发出踢踏声，低头含胸，脚步细小凌乱，都不应该出现在公务人员身上。

结语　公务人员的精气神、仪容、仪态，是建立自身可信任感最重要的方面。古语说，“相由心生”，得体的仪容、仪态，具有美感的坐卧行走，都是内心正气、从容的外在表现。所以，礼仪讲究的是“发乎内而形于外”。

第三章
公务人员着装礼仪

公务人员的着装是一个不容忽视的问题，穿着太过随意，会给别人留下不专业、不敬业的印象，从而难以得到信任和认同，甚至影响整个公务机关的形象。因此，作为公务人员，一定要对自己的形象负责任，不能随心所欲，想穿什么就穿什么，而要遵守一定的着装规范。因为这既是对职业的尊重，也是对别人、对自己的尊重。

一 着装搭配的最佳原则

不同的场合，公务人员有不同的着装规定。正式的场合一定要穿正装，办公室里要穿办公装，休闲场合就要穿休闲装，运动场合就要穿运动装，不要把着装弄得乱七八糟，该正式的时候正式不起来，该休闲的时候也休闲不了。除了这些普遍的硬性规定之外，公务人员还应该具备一点儿搭配服装的知识。下面，我们就简单地介绍一下有关着装方面的基本原则和理念。

1.服饰搭配的三原则

款式要搭配

身体上下不同部位的着装款式要基本上保持相同或相似的风格。你穿上了正装西裤，就一定要配上正装皮鞋；你穿的是休闲裤，那脚上就一定要配休闲鞋；如果你穿的是正装，就一定不可以穿白袜子。简单地说，我们穿在身上的衣服不一定非得是一套的，但身上每一个着装部件的款式在风格上应该是统一的。

色彩要搭配

今天你要走上主席台，想给别人留下一种庄重大方而又具有权威感的官员形象，那就最好给自己配上一套冷色调的衣服，比如藏青色、蓝色或者浅蓝色的衣服，你身上的各个着装部件也要以冷色调为主。明天你要走到群众中去，要跟他们面对面地进行交流，想要营造一种融洽感和亲和力，那就最好给自己搭配一套暖色调的衣服，比如咖啡色、乳白色或者棕色的衣服，这些颜色的衣服都很容易增加人和人之间的亲近感。另外，着装的主题性和目的性要明确，你要根据你出席场合的主题和目的，通过着装主动地加以强调和实现。但这并不是说冷暖色调不可以搭配，而是说目的要明确，风格要统一。

配饰要搭配

手表、皮包、发卡、丝巾，这些配饰都要跟你的着装保持同样的风格。旅游景点或者地摊上买来的首饰，可不可以用？当然可以！但那都是休闲型的，要在穿休闲型服饰的场合去用。穿正装应该用一些比较精致体面、庄重大气的配饰；穿休闲装可以用一些轻松自然、彰显个性的配饰；而办公室着装则可以选择介于两者之间的配饰。

2.着装TOP原则

着装还有一个“TOP原则”。（见图6）TOP是由三个英文单

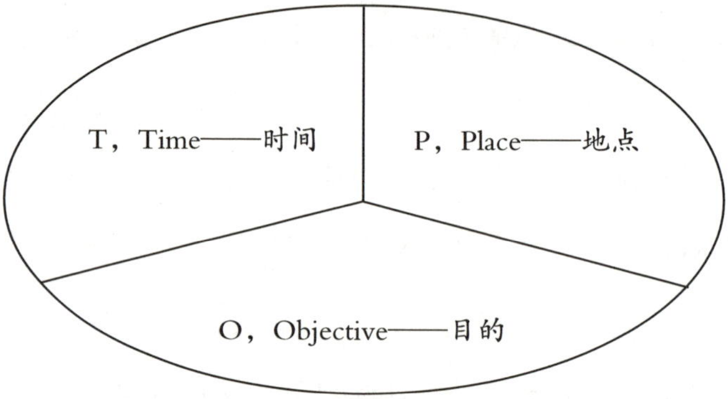

▲（图6）着装TOP原则示意图

词的首位字母拼写而成的，分别是Time（时间），Objective（目的），Place（地点），TOP原则是国际通用的着装原则。主要是说，着装一定要和具体的时间、目的和地点结合起来，要与周围的环境和个人的身份相适宜。总之就是要在特定的时间、特定的场合，穿特定的服饰。

正装很体面，可在逛街的时候穿正装就不太体面了；休闲装很舒服，可在正式会见的时候穿就不礼貌了；新郎系红领带很好看，可参加婚礼的朋友也系条纯红色领带就有喧宾夺主之嫌了。

3．“三大色块”着装理念

服饰搭配完成后，身上应该由三大色块——主体色块、辅助色块和点缀色块——构成。主体色块以裤装为主，占据面积较大，它能给人以最直接的视觉冲击和主体印象；辅助色块以外套上衣或衬衫为主，占据面积比裤装小，与主体色块形成反差或者补充，起辅助性作用；点缀色块以领带、鞋或丝巾等配饰为主，虽然占据面积很小，但恰恰是这一点点的跳跃，可以吸引别人的注意力，起到画龙点睛的作用。一套得体的着装，不一定三大色块非得明确突出，但一定是相得益彰，和而不同。比如，男士正装的主体色块是深素色的西服，纯白的衬衫即是辅助色块，两者的色彩起到一定的反差作用，这样既彰显了西服的庄重，又突出了衬衫的白净。而这时的领带就是一个跳跃的点缀色块，应该选择与西服同色系的，但又要有适当的颜色跳跃。如果领带颜色和西服颜色完全一致，就起不到跳跃的作用，如果完全脱离了西服的主色（比如一套藏青色西服搭配一条明黄色领带），就太跳跃了。再比如，女士休闲裤装可以是深色作为主体色块，颜色较浅的上衣可以具有一定的色彩辅助作用，而一条丝巾、一个发卡、一条围脖、一件首饰，或者一个手提包，就可以是一块亮色，它可以给人以耳目一新的感觉。三大色块搭配得当，着装就有了层次感，就有了审美情趣，否则衣服再名贵也会显得毫无光彩，没有品位可言。

最后要强调的是，着装整洁是重中之重。公务人员的着装一定要整洁，这是一个底线。具体来说：衣服一定要勤洗勤换，洗后最好要熨烫才可穿上身；发现有脱线、开线或纽扣缺失一定要修补；新衣服买回来之后要先剪掉多余线头；衣服上出现污渍或斑点一定要及时清洗；皮鞋每天都要擦拭。我相信很多人都知道着装整洁这条底线，但是却不一定做得到。一般人可以做不到，但公务人员一定要做到，还是那句话，这是公务人员着装的底线。有些朋友会说："我的衣服不熨烫，别人也发现不了，因为它已经很平整了。"这时我们不妨反过来想，如果你要是熨烫平整了，别人一定可以发现得了，而且这样的发现，会使别人不自觉地对你产生崇敬感，因为你表现出了公务人员的气质，甚至是尊严。

专家小贴士

现实生活中，人们对服装的第一印象便是色彩。当一个人处于同一环境，分别穿相同款式、相同材质、不同颜色的两套服装时，给人的感觉是不同的。比如他穿红色衣服，你就会觉得他离你比较近，体积也比较大，但是如果他穿蓝色衣服，你就会觉得他离你相对较远，体积也变小了。在色彩理论中，让人觉得距离比较近的颜色叫前进色，让人觉得距离比较远的颜色叫后退色，给人感觉比实际体积大的叫膨胀色，比实际体积小的叫收缩色。体型偏胖的人适合穿收缩色服装，体型较瘦的人适合穿膨胀色服装。

二 男士正装礼仪：庄重严谨，一丝不苟

当今社会的男士，不再是简单地靠家里的女性为其购买衣服、搭配着装，而是要主动地、有目的性地为自己选择服饰。毕竟衣服是穿在自己身上，而且自己最了解自己的工作环境和社会关系。自己的感觉最准确。塑造自我形象，提高个人魅力，主要还是靠自己。

1.正装“七大件”

男士正装从上到下包括七大件：西服一套上下两件、衬衫、领带、腰带、袜子、皮鞋。这七大件，一件不能多，一件不能少。（见图7）

▲（图7）男士正装

西服

西服的标准搭配，其上下两件必须是一套的，必须是用同一种面料做成，连纹路的方向都要讲究一致，最好不要自己去分别搭配。当今的公务人员只有两种款式的西服可以选择，即两粒扣和三粒扣的西服。单粒扣和多粒扣的西服都不是标准的公务正装。

公务人员的西服颜色应以深素色为宜，适当地带点浅浅的暗纹也可以，但是一定要庄重。公务人员的西服颜色以藏青色系列为好。由于中国人属黄色皮肤，几乎不选用棕色和咖啡色西服。黑色西服属于极正式的仪式场合系列或者工装系列，公务人员平时最好不穿。

衬衫

对于中国的公务人员来说，为了体现公务场合的庄重性，衬衫的颜色没有第二种选择，只能是纯白色的。衬衫上最好不要带图案，顶多带一点浅浅的、若有若无的浅暗条纹。都说我们是“白领”，领子当然要是白色的。

挑选衬衫，很多男士都不在行，所以把这件事交给太太去做。但是随着年龄的增长以及阅历的增多，建议男士们也要学会自己关心着装，自己挑选衬衫。

挑选西服衬衫时基本上有三个尺寸要注意。第一，领口的尺寸。领口的尺寸，如果两个手指头可以自由地进入（打完了领带之后），那就是合适的；如果说三个指头都可以自由地进入，说明领口太大了；如果一个指头也进不去说明领口太小了。第二，肩宽。袖子和肩膀交接处的边可以看出一件衬衫合适不合适，它应该在肩角过渡的位置，基本上以在转角位置为宜，往下耷拉得太多，说明衬衫的肩太宽，太往里就说明衬衫的肩太窄。第三，袖长。袖长以系上扣子穿好西服，在西服的袖口外边将露出几厘米为宜：平伸胳膊时一定要把这个白色的衬衫袖口露出来，这是西服的一个特点。

领带

领带的选择在我们生活当中，有一个约定俗成的规则，就是“跳出来又要融进去”。这既是着装搭配规则的体现，也是中国传统文化精神的体现。像我们中国人为人处世的原则一样：既要“出世”又要“入世”，“出世”就是要悟道明理、与众不同，而“入世”就是要不露声色、回归现实。领带的选择对我们中国的男士来说是一件技术性比较高的事，但是如果领带选好了，还真能够体现一位男士的精气神。男士领带的选择，应注意三点：颜色、图案、长度。

第一，颜色的选择 我们说一个人的着装一定要让点缀色出彩，但是政务场合又比较庄重，讲究严谨。所以领带的色彩既要从西服的颜色中跳越出来，又要保持与西服相似的色调。我们经常看到有些单位里统一配发的制服，其领带颜色与西服颜色完全一致，这不够“精彩”，因为领带的颜色没有跳跃；也有些单位的制服配发的领带是大红色或者明黄色的，这又太跳跃了。一般来说，公务人员的领带以蓝色或紫色为宜。再特别提醒一点，纯红色的领带可以在喜庆场合佩戴，但在正式官方活动上，众位领导中只有其中的一号领导才可以佩戴纯红色的领带，其他领导的领带可以是红色的，但最好有点图案，这样才可以彰显一号领导的突出形象。

第二，图案的选择 领带的图案也有讲究，最好选择斜纹、正纹、三角、圆点等平缓过渡的图案，这些统称为几何图案，是中国男性公务人员的首选。而那些有花鸟虫鱼、飞禽走兽类图案的，就不适合公务人员了。

第三，长度的把握 领带系好以后的合适长度，在于领带大箭头的位置，大箭头以正处于腰带扣的上下沿之间为好，太往下显得有点儿邋遢，太往上显得有点儿小气。有些朋友喜欢打完一次领带之后就不再解开，套头摘下来即收起以便下次再用，这样会损坏领带的平整度。建议每一位公务人员都要能熟练并美观地系领带，而且还可以变换不同的花样，对称的不对称的都可以，毕竟这是公务人员的一套标准“官服”中最出彩的一个细节。

腰带

腰带要选用牛皮材质的，款式要精致，腰带扣要以不夸张的造型为好。关于腰带的颜色，一直以来就有这么一个说法：一套标准的男士正装，应该有三件皮具保持同样一种颜色，这三件皮具分别是腰带、皮鞋和皮包。对于藏青色、蓝色和黑色系列的西服，这三件皮具的颜色都应该是黑色的；对于棕色、咖啡色、驼色和乳白色系列的西服，应该搭配棕色的皮具。对于中国的公务人员来说，因为西服颜色的选择以藏青色、蓝色和黑色为主，所以这三件皮具只能是黑色的，没有第二种颜色可以选择。

袜子

关于袜子的颜色，大多数人应该都知道这样一个常识，深颜色的西服不要搭配浅颜色袜子，尤其不能搭配白色或鲜艳色彩的袜子，因为白色的袜子适合搭配运动装系列，鲜艳色彩的袜子适合搭配休闲装系列，把这些颜色的袜子拿来搭配正装当然是不合适的。建议在穿正装的时候，要选择深色的袜子，比如黑色、深蓝色。

皮鞋

这也是男士在穿正装的时候最容易出现问题的地方。我们经常看到，有些人一身漂亮的西服却搭配了一双亚光的、牛皮轧花的、蛇皮的、鳄鱼皮的，或者其他异形异色的皮鞋。其实，这些都不是正装皮鞋。

那么，正装皮鞋是怎样的呢？鞋面光亮、造型规整，一个“亮”字很重要。穿上一身漂亮的正装，一定要在众人面前呈现一双擦得锃亮的皮鞋，即使是一双旧皮鞋，也应该把它给擦得锃亮。公务人员一定要养成每天晚上擦皮鞋的习惯，不管是否在正式场合，也不管西服是否名贵，更不管你的级别高低，锃亮的皮鞋都彰显着你作为一名公务人员的尊严。

以上就是正装的七大件，是中国男性公务人员的标准搭配。正像我们前面提到的，一件不要多，一件不要少。有些人会在冬天加一件羊毛衫，建议不要这样穿，因为正装的穿着讲究色彩的鲜明对比感和明暗搭配感。如果在西服里面加进一件羊毛衫，除了会削弱这种感觉，还会使西服看起来鼓鼓囊囊，并且在袖口露出毛茸茸的羊毛衫，这样也不好看。出于保暖的考虑，可以在衬衫里面加一件纯白、无袖、贴身的圆领内衣——不是普通的文化衫，也不是普通的内衣，更不是保暖内衣，而纯粹就是专门穿在衬衫里面的内衣，这样，从外面看不出来，而且保持了衬衫的平整感。也可以在西服外穿一件大衣、羽绒服或者其他保暖外套，但如果进入正式的会议室、会客室，或者在主席台上，一定要把外套脱下来。

当今中国社会一直在提倡节能减排，夏天时空调的温度不可以太低。所以，在夏天举行的有些原本必须穿正装的会议，可能会事先在会议通知里明确说明只需要穿白衬衫即可，这是社会文明进步的标志。再如，在夏天举办的室外活动中，如剪彩仪式、群众性活动、休闲活动等，公务人员也可以只穿纯白色长袖或短袖衬衫，打不打领带都无所谓。但这绝不意味着所有在夏天举办的官方活动只要穿白衬衫就可以了，对于一些比较正式的会见、大型会议、庄重仪式，西服上衣还是必须穿的。礼仪之邦对公务人员的定位总是离不开庄重的。

为了更好地展现公务人员的组织性、庄重性和统一性，各级公务机关在举办会议和活动的时候，应事先通知参会人员的着装要求。

我们还经常看到有些外国官员会在西服的左上兜里配一块白色手帕，中国的公务人员要不要加？不要。因为我们中国已经在公务人员层面对西服进行了本土化规范，这个规范就是前面介绍的七大件，其中并不包含手帕。当然，非公务人员还是可以使用的。

需要进一步说明的是，男士穿正装就座的时候，应该把西服上衣的扣子解开，以免不方便或者显得拘谨，而站起来面对众人时，应该在起身的同时系上衣服扣子。平时两粒扣的西服应该只系上面一粒，三粒扣的西服应该系中间一粒或者上面两粒，切记两种西服都不要系最下面一粒扣子。

当今中国社会的公务人员除了要提高自己的行政能力和业务水平之外，还应该注重提高自己的个人魅力。要想提高个人魅力，除了保持良好的仪容、仪态之外，还应注重仪表。其中，提高着装品位，是一个很好的办法。

专家小贴士

西服保养常识

1.质量比较好的西服大都是羊毛、蚕丝、马海毛等天然纤维制作的，因此局部受到张力很容易引起变形，让它适当“休息”一下，它才会“复原”。

2.尘污是西服的最大敌人，会使西服看上去很脏，连带着人也显得不精神。所以应该常用刷子刷去尘土。一些不容易除去的尘污，可以用胶带纸粘去，这样的效果很好。

3.吊挂西服最好用木质或塑胶材质的宽柄圆弧形衣架。

2.首饰只能戴婚戒

除了正装的搭配，还要加上一些佩饰。比如说男士，最好佩戴一块手表，而且要是正装手表，运动表、休闲表、塑胶壳手表，都不适合穿正装时佩戴。手表带冬天用皮带，夏天用钢带。

有些男士喜欢佩戴首饰，这没有什么不可以，但是对中国的男性公务人员来说，穿正装时佩戴的首饰数量最多只允许一件，而且这一件只能是结婚戒指，戴在左手无名指上。原本意义上所说的结婚戒指，上面不带钻石，不带宝石，没有其他一些特别的点缀，只是一个箍、一个圆圈。我们经常看到有些新人结婚典礼上相互交换的戒指是钻戒，其实这并不是原本意义上的结婚戒指，只是作为佩戴首饰而已。

3.办公室着装有底线

日常的办公室着装，并不是我们本篇所说的正装着装，它可以理解为政务休闲装。我们不必时时刻刻地身穿正装在办公桌前办公，在日常的办公场合，着装可以适当地休闲一点儿。到底可以休闲到什么程度，又要正式到什么程度，我们接下来就进行介绍。

办公室着装远没有正装着装那么严格、细致的要求，甚至没有明确的界限，只要保证把公务人员的正气、体面和着装品位表现出来就可以。具体来说，要把三大件搭配好。第一，要穿正装皮鞋，也就是表面光亮、造型规整的牛皮鞋。它虽然不一定要像穿西服时那么正式，但鞋面保持光亮是必须做到的。如果没有正式的会见，有些造型比较规整的休闲鞋也是可以的。办公室里不可以穿旅游鞋、运动鞋、拖鞋和凉鞋，这是一条底线，否则会显得太随意，这与公务人员的身份是不相符的。第二，要穿正装西裤，西裤具有明显的熨烫裤线。如果没有正式的会见，深素色的休闲裤也是可以的。办公室里不可以穿运动裤、牛仔裤、短裤，这也是一条不要逾越的底线。第三，要穿有领有袖的上衣。衬衫、夹克衫和休闲西服都可以。夏天比较炎热的时候，可以穿正装款式的白色或者浅色短袖衬衫。上衣可以具有一定的色彩，但仍以素色为首选。羊毛衫、毛衣、圆领衫、T恤衫、背心、花格休闲衬衫、运动衫、套头衫等太随意的上衣，不可以在办公室穿。

高级领导外出视察、调研或者与群众近距离接触时，最好是这样打扮：正装皮鞋、正装西裤、正装白色衬衫，可以不打领带，衬衫上面第一个纽扣可以解开。天冷的时候可以在外面穿一件素色夹克衫，或者外套大衣。这既体现了领导的庄重感，又便于增加亲和力。

我们在日常生活和工作中，根据不同场合可以穿各种不同风格的衣服，但一定要注意得体搭配。即使在休闲场合，有些比较固定的搭配原则也应该遵守。我们看到的最常见的搭配错误，是裤子和鞋的风格不协调，接下来我们就专门介绍一下男士的裤装和鞋的搭配原则：

第一，正装西裤一定要配正装皮鞋。穿上正装西裤并且具有明显的裤线时，一定要穿正装皮鞋，不要穿旅游鞋、休闲皮鞋，甚至拖鞋和凉鞋，因为只有正装皮鞋才和正装西裤的风格是一致的。第二，休闲裤一定要配休闲皮鞋。休闲裤的风格是轻松明快、休闲自如，如果脚上穿一双锃光瓦亮的正装皮鞋，或者运动鞋，也是风格不统一的。总之，正装和休闲这两种风格，在裤、鞋上不要交叉搭配。我们经常看到有些朋友穿着牛仔裤而加一双正装皮鞋，这个搭配不好，牛仔裤就是要配休闲皮鞋、配运动鞋、配板鞋。第三，宽松的运动裤一定要配运动系列的鞋，因为这都是属于运动风格的。第四，短裤要配凉鞋。在夏天非公务场合，短裤和凉鞋是比较凉快、舒服的搭配。但是，我们经常看到有些朋友明明是脚穿凉鞋（皮制网眼凉鞋除外）却穿长裤，这样的搭配也不协调。

在这里顺便说一下香水的问题。有些男士在比较正式场合的时候，喜欢涂点香水，我想强调的是，中国的男性公务人员在日常工作，尤其是执行公务的时候，最好不涂抹香水。即使在休闲场合，适当涂抹一点儿，也应是在沐浴后才好，如果试图用香水去遮掩体味，只能是几种味道混合在一起，那种感觉更加不好。

实际上以上这些道理并不难懂，我们每个人都会不同程度地有些着装方面的知识，但是如何对待这些知识，每个人的做法却不一样。有些人或许会觉得这些知识可有可无，有些人甚至根本就不在乎。其实，我们仔细想一想，现代社会物质条件普遍提高，生活的品位和层次也需要提高。你不提高，别人也在提高。与其让别人在背后议论我们的不得体之处，还不如我们自己先拿出点儿精力来关注一下自己的着装品位。这样的话，不管走到哪里我们都不怕别人的挑剔，因为良好的着装品位让别人一看到你，就觉得你是个气度不凡的人，是个值得尊重的人。

专家小贴士

细节暴露男人的着装品位

“人靠衣装，佛靠金装”，与你素不相识的人首先只能通过衣着来定位你的品位。男装和款式多变的女装是不同的，男装讲究款式经典、大方，可以彰显身份和地位。公务人员最好不要穿有很明显的品牌标签的衣服，这并不会让别人感觉你很时尚、很有品位，只会让你看上去像一个移动的活广告。还有，不要穿太肥大的衣服，要穿剪裁合体的衣服，这样才有职业感。另外，你衣服的颜色应该与你自身的特质，比如眼睛的颜色、皮肤的颜色以及你的体形相匹配，至少不应该冲突。

三 女士正装礼仪：大方简约，时尚完美

前面我们讲了男士正装的礼仪，接下来我们讲女士正装的礼仪。着装对于女性来说，绝不仅仅是一种包装，也是提高自信心、满足感和幸福指数的重要手段，更是生活品位的真实体现。孩子在家里着装知识的获取主要来自于母亲，因此女性提高着装品位，其受益者远不止自己一个人，而是全家人。而一位女性高级公务人员，作为公众人

物，其良好的着装品位可能会使全社会都受益。（见图8）

▲（图8）女士正装

1.件数不能少，可以加

女士正装跟男士正装相比起来，数量减少了，男士七大件，女士只有四大件。这四大件从上到下是：西服上衣、西服套裙、丝袜、高跟鞋。还有一点不同是，男士正装七大件的数量不允许变，而女士正装件数可以增加。比如，女士可以加一件衬衫，加一条丝巾，加一条围脖，加一些发卡之类的装饰等，而且在港、澳、台地区的有些地方还可以在夏天不穿丝袜，穿一双精致的高跟凉鞋。但是在中国的内地，丝袜是不可缺少的，四大件可以往上加，但不能再减少。我们现在就来看一看这四大件怎么穿。

西服上衣

女士西服上衣的款式、色彩和面料等，可比男士的多多了，大领、小领、圆领、方领、鸡心领、平领、无领，都可以接受，长袖、中袖、短袖，都可以接受，深颜色、浅颜色、彩色，都可以接受，甚至面料也可以用高级的化纤面料，而男士的西服面料只可以用毛料。女士着装，其实社会对它的要求并不是那么严格，时尚、温馨、漂亮即可。所以，建议女士们选择正装的时候，更应该关注的是衣服是否符合自己的气质、体形、肤色，只要穿在身上得体、漂亮就好。女士们也可以给自己多备几套正装，以便不同的正式场合有选择和变化的余地。对于特别重要的场合，为了避免与人“撞衫”，甚至可以穿一套再带上一套，以备调整。着装的美感、时尚、变化，是女士的永恒话题，正装也不例外。

西服套裙

西服套裙必须与西服上衣一起成套购买，最好不要自己去尝试交叉搭配自己现有的西服上衣和套裙，要保持上下相同的材质、纹路、款式。套裙的长度应该在膝盖以上还是以下呢？正确的长度应该是在膝盖以上3厘米~6厘米，而不要跟膝盖齐平，也不要低于膝盖。只有年长的女士们，才可以穿稍长于膝盖的套裙。有些人认为女士的正装是西服上衣配长裤，这是一个误解，女士正装最标准的搭配还是西服上衣配套裙。

丝袜

对当今的中国女性公务人员来说，丝袜只有两种颜色可以选，首选是肉色，其次是黑色。黑色丝袜最好选择透明的，除非是高寒地区。丝袜应是连裤袜，千万不要选择刚到脚踝的短丝袜，短丝袜应是配长裤穿的。还有一点应特别注意，中国女性公务人员一定不要选择带网眼或带图案的丝袜，这是极不体面的搭配。

高跟鞋

女士穿正装时，高跟鞋是唯一的选择。高跟鞋的样式应是鞋面光亮、鞋跟偏细，而且是敞口的，鞋口不要有鞋带儿。鞋跟的高度不能太高又不能太矮，以四五厘米为合适。请女士们注意，没有特殊的身体原因，不要穿中跟鞋，也不要穿平跟鞋，更不要穿皮靴。

女士的正装搭配基本如此。

各位女性朋友可以仔细检查一下自己现有的正装，看看是否符合这些标准呢?

高级别的女性公务人员，如果参加重要的公务活动，尤其是作为重要人物出席，在前面提到的这些基本标准的基础上，还应该关注正装的正规性和庄重性。怎样才显得更正规、庄重呢?很简单，由于女士西服是从男士西服变化而来的，因此，越接近男装就越正规。西服上衣的大领、小领、圆领、方领等各种衣领当中，以接近男士西服上衣衣领样式为正规；各种颜色当中，以深素色尤其是藏青色为正规；各种袖长当中，以长袖为正规；各种搭配当中，以加穿一件白衬衫为正规。说到白衬衫，以白衬衫的领子掖在里面为正规，放在西服领外面为不正规；白衬衫的下摆以掖进西服套裙里面为正规，悬垂在外面为不正规。不正规不意味着错误，只是不适合正式场合而已。

有些女士苦于对正装的标准和搭配知识了解不多，常常对着商场里模特身上的套装和各种佩饰犹豫、徘徊，不知道该买哪一套才好。给你一个建议，如果你觉得模特身上的这套衣服适合你，各种佩饰也很漂亮，那你就把这一整套（包括上面的各种佩饰）全都买下来，因为模特身上的搭配往往都是很经典、很保险的搭配。

最后我想说的是，着装礼仪的完美展现，最终还是要落实到人的精气神和言谈举止上。我们要强调一个概念，**着装礼仪的最高境界是人衣合一。**衣服跟你本人要合二为一。如果今天是社交场合，穿上一件漂亮的花裙子，那你的精气神和言谈举止就是要表现出自己的女性个人魅力；如果今天是春游，你穿了一身休闲装，或穿了一身运动装，那就应该让自己动感十足地出现在别人面前；如果你穿了一身便装，那就应该自由随性、轻松愉快。那穿上正装的主题是什么呢？是庄重、大方、精致、体面。穿上一身漂亮的正装，出现在别人面前，女士的站姿、坐姿和走姿一定要稳重大方，眼睛正视前方，抬头挺胸，表情镇静从容。在众人面前亮相，或者走向主席台，脚步一定要充满韵律感，高跟鞋的声音也不必刻意地遮掩，只须大大方方地走出声音，不经意间把自信、自尊和权威感淋漓尽致地体现出来。众人面前的语言表达也应该做到语调坚实，思路清晰，充满理性。

着装的重要性在我们中国的传统社会里往往用一句话来比喻——“人靠衣服马靠鞍”。作为一名公务人员，一身漂亮得体的着装，更为重要。它不仅仅是为了漂亮，更是通过一种符合要求的职业形象，把自己的品位，把自己对别人的尊重，把自己代表的官方权威感，完美地展现出来。这才是着装礼仪最应该取得的效果。

专家小贴士

对于女性来说，衣饰穿着固然重要，但更重要的一定是气质的修养。女性公务人员可以参考下面几项建议，这些都有助于培养你的气质，使你看上去更加沉稳、职业：不要轻易显露你的情绪；不要逢人就诉说你的困难和坏心情；重要的决定提前跟别人商量；不要斤斤计较、自视清高；信任、关心别人；不必选最漂亮的衣服，但一定穿最适合自己的衣服；仪态端庄，有适当的幽默感；多听音乐，多看书，永远要记住“腹有诗书气自华”。

2.佩饰要做到锦上添花

女士正装除了关注标准搭配之外，比男士多出来的是佩饰问题。这是女士通常津津乐道却又颇费脑筋的一个话题，搭配好了是锦上添花，搭配不好便会贻笑大方。

男士的佩饰中我们提到了手表，女士也有这个问题，正装场合应该戴一块正装手表。那些造型特别时尚、图案特别花哨或者款式特别新潮的手表，不适合配戴在正式的场合。

女士在各种不同的正装场合，可以利用发卡、丝巾、胸花、手包或者其他佩饰来增加美感。同一套正装最好不要连续穿超过两天，如果是出差在外没有条件经常换装，那可以通过更换佩饰来营造不同的亮点，记住每天至少更换一件别人可以注意到的佩饰。在众多的女性佩饰中，最引人关注的应属手包。与正装搭配的女士手包应该是皮质的，大小应适中。那些造型夸张、色彩艳丽、超大或超小的手包，比较适合在休闲场合使用，搭配正装就不太好了。总之，女士的正装佩饰，也应该保持与正装相同的风格，适当的跳跃是可以的，但不要夸张。

佩戴首饰是着装佩饰中使用率最高的女性特权。我们前面提到，男士正装场合的首饰最多允许佩戴一件，而女士正装场合的首饰最多可以佩戴三件，它们可以是耳环（两个耳环算作一件）、戒指、手镯、项链等。办公室场合，一般的社交场合，甚至是一般的正装场合，女士都可以让自己的首饰具有一点色彩，有一些亮点，这是社会对女性的定位和期待。但对于那些很庄重、正式的场合，尤其是高级领导，就不要使用过分亮丽的首饰了。这时的首饰应以白色系列为最佳，主要由以下五种材质制成：珍珠、钻石、水晶、白金、白银。这些材质的首饰既含蓄又高贵，既内敛又精致，充分体现了女性高级公务人员的庄重大方和精致体面。也就是说，这些首饰，不是靠色彩和造型来彰显自己的，而是靠自身的质地来彰显品位的，这完全符合公务人员的社会定位。在这里，人和首饰是相得益彰的。

关于女士首饰，在正装场合中，有以下几点应特别说明：三件首饰最好选择相同的材质；可以佩戴戒指，但最多佩戴一个；耳环款式以耳钉为宜，应避免佩戴大耳环、悬坠型耳环，要戴就是戴两个，不要只戴一个；佛珠手链不适合在正式场合佩戴；同一只手上不要既佩戴手表又佩戴手镯，每只手最多佩戴一件饰物；首饰的造型宜小不宜大，宜细不宜粗，宜轻不宜重。

香水，女性公务人员在正式场合是可以使用的，但味道不宜太浓烈，以一米之内可以闻到、一米之外闻不到为宜。香水按照气味的浓淡程度，可以分为浓香型、清香型、淡香型和微香型。最昂贵的香水是浓香型，属于香精类的，味道特别浓重，散香时间可以持续6~8小时。什么场合可以使用这种香水呢？晚装场合和高档社交场合可以使用，但政务场合不可以使用。在政务场合中，建议女士们适当喷点清香型和淡香型的香水。

3.办公室着装别追求时髦、漂亮

与男士的办公室着装一样，女士的办公室着装，也不必特别强调正式性和庄重性，而应该在保证体现女性公务人员的温雅得体和着装品位的前提下，适当地休闲和方便一点。

女士办公室着装也没有明确的规定和界限，具体来说，还是要把三大件搭配好。第一件，要穿皮鞋。不一定非得是高跟鞋，中跟的也可以，但最好不要是平跟的。冬天穿皮靴也可以。是不是正装皮鞋都无所谓，具体样式只要不太夸张即可。女士在办公室里不要穿拖鞋、运动鞋、松糕鞋。第二件，裙装或裤装。裙子、长裤或者连衣裙都可以穿，但其款式和颜色一定不要太夸张。办公室里不要穿超短裙、皮裙、薄连衣裙、七分裤、皮裤、短裤、运动裤。第三件，上衣。在上衣的各种款式当中，女士们最好选择带领子、带袖子的，衬衫、皮夹克、西服（正式或休闲款）、套装等都可以穿。没有会见时穿一件精致的羊毛衫也可以，但大棒针织的毛衣不可以穿。办公室里不要穿吊带上衣、薄露透的上衣、T恤衫、圆领衫、运动衣、背心、套头衫等。

有不少女性打扮自己的标准是成为漂亮女人、性感女人、时尚女人，这本没有什么不好，但作为一名公务人员，在公务场合，这个标准就显得定位不准确了，因为公务场合的女性首先应该是一名国家公务人员，所以应该把庄重大方作为第一定位，其次才可以适当地彰显女性个人魅力。没有原则地追求时髦、性感、漂亮，是一种品位不高的从众行为，公务人员应该把握好这个尺度。

学习礼仪的过程不是被动的，而应该是主动地自我完善和自我提高的过程。实践礼仪也不仅仅是为了给别人看，最大的受益者是我们自己，因为良好的礼仪行为会使我们受到别人更多的尊重，也有助于我们实现自我价值，这才是人生的最高追求。

专家小贴士

“1+N”个人形象设计法则

人的形象可分为外在形象和内在形象。外在形象是指一个人的相貌、身高、体形、肤色等，它受遗传因素的影响偏多。内在形象是指一个人的性格、教养等，主要是在成长过程中受家庭教育和社会教育影响而形成的。外在形象和内在形象共同构成了一个人的个人形象。

每个人的个人形象都具有多面性，但其中一定有一个主形象（我们称之为“1”），同时又有若干个辅形象（我们称之为“N”）。

公务人员的个人形象设计，应该先从寻找和确定自己的主形象开始。主形象的确定一般既要根据自己的外貌特点，又要根据自己的性格特点进行综合考虑。比如：一个人为方形脸，而且性格偏内向，那么他的个人形象设计应该偏重于敦厚风格，发型不宜怪异、新潮，而宜选择普通型；一个人如果眼睛偏小或眼袋偏大，则可考虑给自己佩戴一副框镜，如果眼睛大而有神，则适宜不戴框镜；个子比较矮的人，不宜穿过于宽松的衣服；体形偏胖的人，适宜穿竖条纹衣服或深色调衣服；性格偏稳重型的人，说话速度不宜太快，要慢条斯理，走路速度也不宜偏快。

在主形象之外，努力给自己设计多一些的辅形象，这样能够很好地体现出自己个人形象的多面性和新鲜感。一个性格偏稳重的人，不必时时刻刻以稳重的形象示人，也可以恰当展现自己活泼的一面。比如，给自己穿一套时尚、新潮的衣服，或者给自己佩戴一些时尚的配饰，这样就展示出自己活泼、开朗的一面了。

辅形象是一个人的补充形象，总会给人以新鲜感和新奇感，它与主形象共同构成一个人的立体形象。如果是第一次与人会面，而且又是很重要的会面，最好以自己的主形象示人，因为主形象往往是一个人最美的形象，是一个人最自然、最让人感到舒服的形象。

结语 塑造自我形象，提高个人魅力，主要还是靠自己。着装对于一个人来说，绝不仅仅是一种包装，也是提高自信心、满足感和幸福指数的重要手段，更是一个人生活品位的真实体现。作为一个公众人物，你良好的着装品位可能会使全社会都受益。

第四章
政务会见礼仪

在这一章，我们再来看一看政务会见过程中的基本礼仪。其中包括怎样迎客、待客、作自我介绍，怎样在会议和会场中做到符合礼仪规范等多个方面，堪称一场政务礼仪知识的“盛宴”。希望你在阅读本章内容之前，先给自己沏杯清茶，找个舒服的位置坐下，静静地品茶，愉快地阅读。

一、如何建立初期的信任感

学习礼仪，并不是恪守礼仪的各种尺度和规范，而是要把礼仪与自己的个性和周围的环境结合起来，使对方感受到你的诚意和敬意。这样的礼仪才是最自然、最符合你身份的，才是最美、最感人的。只有达到了这个目的，你才能收获对方的好感和信任。

1.迎客：在哪里迎客

对于一些比较重要的客人，如果与之邀约了一次会见，那么就应该主动安排车辆上门去迎接，比如到酒店、机场，或者客人家里去迎接；对于一些一般性的客人，我们可以在办公楼门前、电梯口，或者是在办公室的门口迎接。也就是说，根据客人重要性的不同，我们采取不同的迎接方式。如果是在办公室里迎接客人，客人来了你一定要起身相迎，即使工作再忙，站起来迎接客人也是最基本的礼貌。

2.待客的魅力：表情生动

在待客的过程中，主人应该表现出充分而有度的热情。日常工作和生活当中，我们不需要时时刻刻都在微笑，但是面部表情一定要生动——或关切、或愉快、或同情、或轻松，总之不要在待客过程中面无表情、心不在焉。过分的谦卑和傲慢都是不可取的。我们要用自己的真情实感把对别人的尊重坦诚而自然地表现出来，这才是真正的待客之道。比如，在说话的过程中，我们要看着对方的眼睛；如果对方正说一些高兴的事，那我们可以跟着笑一笑、乐一乐；如果对方遇到一些不开心的事，我们可以替对方排解一下忧郁的情绪。总之，以一种真诚的心态呈现自己，以换位思考的方式与对方在感情上产生共鸣，这才是一个生动的人，这样的人走到哪里都受人欢迎。

3.寒暄：基本的“客套”不可少

在政务会见的过程中，当然也少不了一些寒暄。随着年龄的增长，级别的提高，很多的公务人员，特别是职务较高的领导，都懒得说一些客套话，或者根本就不屑于去说客套话。其实这样不好，这样的官员不可爱，适当地说一些“你好”、“欢迎”、“辛苦啦”、“希望你下次再来”、“祝你周末快乐”，或者在工作当中适当地对对方说一些令其高兴的话，让人一听就能感觉到这是你对对方实实在在的关心，可以彰显你的品位。第一次见面可以说“很高兴认识你”，以后见面可以说“很高兴见到你”。这是基本的客套话，也是我们中国人礼仪文化的要求，所以切记，寒暄在工作当中是必不可少的。“一张笑脸，一杯热茶”，这也是咱们中国人的符号和标志。

4.肢体动作：大方得体、轻松自然

肢体动作大方得体，轻松自然，这是符合公务人员身份的做法。不论我们在哪里迎接客人，都要大大方方地伸出手来，做一个简单的引领动作；不论是与对方交谈，请对方就座，还是给对方递一杯茶，抑或是给对方递其他物品，眼睛都要看着对方；递接物品的时候，要尽量使用双手或者右手。在正式的场合，如果迎面遇上一位一般性的领导，错身而过的时候无须减速，只需身体转向对方点头致意即可；如果遇上高级别的领导，错身而过的时候应适当减速，身体转向对方，点头致意；遇上首长级别的领导，错身而过的时候就应该停下脚步，把身体转向对方，点头致意。

这里特别强调一下鞠躬这个动作。公务人员，特别是领导干部，在众人面前讲完话走下台之前，一定不要忘记给现场的观众鞠一个躬，这是现代礼仪的基本要求。鞠躬动作有两个极端不可取：一个极端是过分地谦卑，头垂得太低；另一个极端是抬着头鞠躬，这样有点儿点头哈腰的感觉。比较得体的鞠躬姿势，应该是头颈跟脊椎基本上在同一条线上，身体微微地前倾，头部微微地低下，轻松自然地完成鞠躬。政务场合常见的鞠躬有两种尺度，一种是以简单的致敬或告别为代表的浅度鞠躬，只需要15° 鞠躬即可；另一种是以致歉或者感恩为代表的深度鞠躬，以45° 鞠躬为宜，不需要90° 。（见图9）

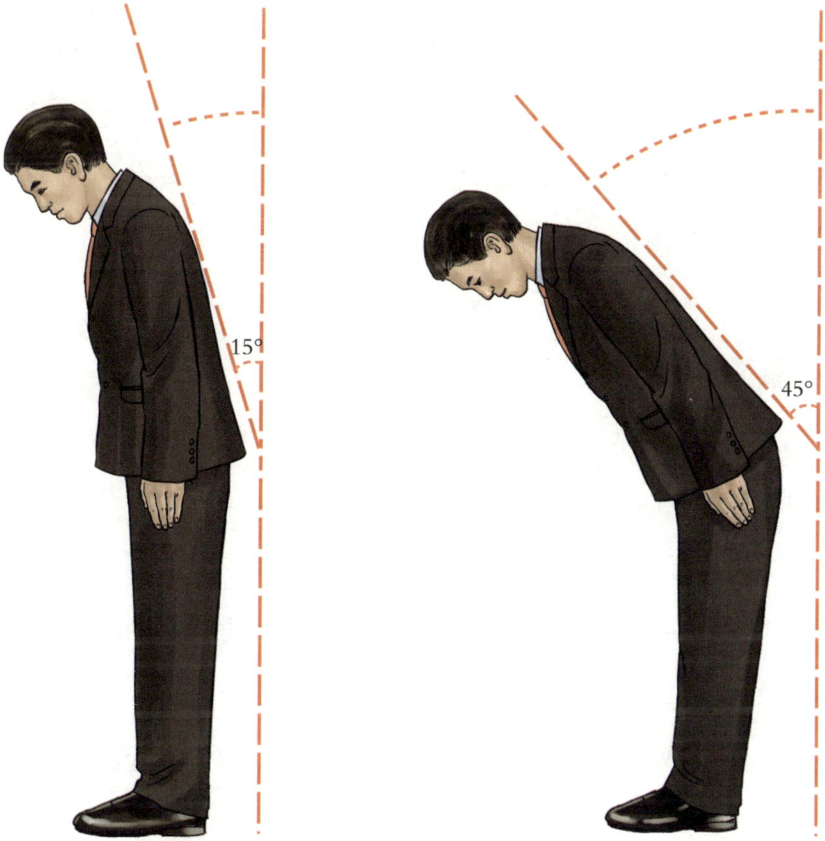

▲（图9）浅度鞠躬与深度鞠躬

5.握手礼仪：握手的起源、尺度、主动权和美感

当今社会交往中，握手是一种必不可少的礼仪。握手起源于古代部落间的停战示好。古时候不同的部落之间经常会有争斗，但是如果

有一天，两个部落不想争斗了，要表现出友好的意图，两个部落的首领就会把手伸向对方并向对方走去，跟对方握握手，意思是说我没有带武器。两个人的手握在了一起，就代表友好、不争斗的意思。久而久之，就形成了握手的礼节，只要把手握在一起，那就意味着双方的友好关系。这就是握手的起源。当今，我们中国也引入了握手这个国际礼仪，并把它作为政务场合一个重要的交际方式。这里，我们要对握手礼仪中的几个问题稍加注意。

握手的尺度

一次友好大气的握手，可以给对方留下一个非常好的印象。男士的握手有五个尺度。第一，要虎口对着虎口，满握。第二，手指要弯曲过来握住对方，而不是伸直了手指头，等着对方来握。第三，要有力度。我们中国人的性格比较含蓄、内敛，有些人跟别人握手的时候，只是轻飘飘地一握。这样，即便我们内心是想传达对对方的尊重，但实际上对方感受到的却是无力，是怠慢，甚至是轻视。我们提倡，握手要有一定的力度。第四，握手的时间可长可短。但在握手的前几秒钟一定要看着对方的眼睛，不要上下打量，也不能一边握着手一边跟第三方说话。因为这样虽然看起来很自然，但实际上没有表达出对对方的尊重。第五，在正式的场合，或者领导者之间在主席台上握手，两个人之间的距离要合适。我们不必用尺子去量。因为当两只手握在一起的时候，两条胳膊之间会形成一个V字型，而且穿正装的时候白衬衫的袖子会从西服的袖口露出来，此时这种握手的场景就会

形成一幅很美的图画。我们把这五个握手的尺度记住了，尤其是男士，以后握起手来一定会大气从容，自然美观。（见图10）

▲（图10）正确的握手礼

女士的握手相对来说要求没有那么严格，女士们可以选择比较含蓄的握手方式，尤其是我们中国女性。握手的时候可以只握住四个指头，不必满握，但是要注意，握住对方四个指头的时候，大拇指也要合到对方的手指上去。

我们经常看到许多比较含蓄、文雅的女士，尤其是女孩子跟别人握手，直愣愣地就把手伸出去了，也不管对方握住她还是没握住她，手都是一个僵直的姿势。这好像传达出了“您可以握我的手”的意思，但这样还不够，你应该同时回握对方，因为握手不仅是对对方的尊重，对对方的友好，更是相互的尊重，相互的友好。

中国女性公务人员，在有些政务场合应该选择第二种握手方式，那就是国际上通用的男士的握手方式——满握。握手的尺度跟上面讲的那五个一样，要表现出女士大气、镇定、自信、不怒自威的一面。实际上，世界上绝大多数国家的女士，都像男士一样握手，只是我们中国的女士在握手问题上，稍微有一些含蓄罢了。

握手的主动权

谁先伸手握手，要看具体场合。如果是社交场合，则以女士为尊，要等女士先伸手，因为有些女士不愿意跟对方进行肢体上的接触，所以要不要握手由女士说了算。而政务场合则不同。在政务场合是不论男女的，论的是级别高低，此时应该是由位高者先伸手，位低者随后伸手。（见图11）师生之间、长辈晚辈之间，都可以按照这个原则来做。在这里，也提醒各位，如果在一个正式会见的场合，你是位尊者，你就要当仁不让地主动把手伸出来跟对方握手，如果伸手动作不明显，或者明明不想握手而又有伸手动作，会让对方感到尴尬。

▲（图11）握手礼应由位尊者先伸手

虽然握手的礼仪讲究位尊者先伸手，但是有两个例外情况，而且这两个例外情况在我们日常工作中遇到的还比较多，因此，我们要给予注意。第一，非正式场合例外。在轻松愉快的休闲场合、社交场合、生活场合，这时候谁先伸手都可以，不必太刻意。比如，你在大街上见到一位领导，你可以大大方方走过去先伸出手来和他握手，因为在非正式场合，握手是一种友好的象征，所以谁先伸手都是无所谓的。第二，主人与客人之间例外。在主人和客人之间，谁是位尊者呢？当然客人是位尊者，但是在主人迎接客人的时候，却应由主人先伸手，因为这意味着欢迎；在客人告辞的时候，握手道别应由客人先伸手，而主人一定不能表现得过分主动，要被动地等着客人把手伸出来再伸手，这意味着挽留。

握手的时候还要注意一个问题，就是我们不仅要握得符合礼仪，还要握出一种美感。握手时可以适当地抖动一两下，但不要抖得过多。如果晚辈对长辈想要表现得格外热情，可以用双手来握手；长辈对晚辈、上级对下级想要表现得格外关心和友好，可以拍拍对方的胳膊。不管怎么说，两个人的握手都是一次愉快的交流，规矩固然重要，但自然轻松、热情友好才是永恒的主题。

握手是现代社会通行的一种礼仪，不论是在我们的工作当中，还是在日常生活当中都是经常用到的，所以掌握好握手的规范很重要，这可以使你给别人留下一个良好的印象。

二 六个细节透露你待人接物的水准

礼仪可以用四个字来概括：律己敬人。没有律己无以敬人。一个在礼仪方面严格律己的公务人员，不会忽略待人接物的任何细节。如果说一个人的总体礼仪水准是由各个细节组成的，那么这些细节的单项分值不是相加起来的，而是相乘起来的。也就是说，任何一个细节出现了单项零分，那么总体礼仪水准就是零分。

1. 自我介绍：三要素缺一不可

政务接待过程中，如果彼此不认识或者身份不明确，应该主动向对方作适当的自我介绍。关于自我介绍，中外有不同的处理方式。很多公务人员可能都有这样一些经历：当领导干部走向基层的时候，基层人员会热情地进行接待，可是接待了半天，接待者是谁，是什么职位，身处什么工作岗位，领导并不知道；领导干部在办公室接见下级人员，但自始至终也不知道下级人员的具体身份。这些现象都缘于下级没有向上级作出完整的自我介绍，都缘于我们中国人具有含蓄、内敛、低调、沉稳的性格。这种不过分张扬自己的民族性格，我们应该予以坚守，但是在政务场合，过分含蓄和低调，则不足以表现公务人员应有的大气和从容，因此，见到不认识的领导，你应该主动向对方作自我介绍。如果是有官职的人，自我介绍的时候三个要素是缺一不可的，即姓名、单位和职位，尤其是职位。我们看看军人的自我介绍：下级军官向上级首长报到的时候会说："报告首长，×××师×××团（单位）的×××（职务）×××（姓名），前来报到。"在部队里，这是一种标准的自我介绍。

如果跟随领导一起外出见客，下级应该选择适当的时候把领导的职位介绍给对方。如果彼此身份不明了，那么年轻者应该主动向年长者作自我介绍，男士应该主动向女士作自我介绍，客人应该主动向主人作自我介绍。

2.居中介绍：位尊者有优先的知情权

政务会见过程中，熟悉情况的人一定要主动为互不相识的双方作居中介绍。没有居中介绍，或者居中介绍不主动，会引起双方人员的尴尬甚至不满。那么，居中介绍时，应先介绍谁后介绍谁呢？由于我们中国人奉行的是"长者先，幼者后"的儒家文化，会有不少人理所当然地认为应该先介绍长者或者位高者。试想一下这种情景，一个单位的部门领导引领一位新员工去拜见单位领导，部门领导需要作居中介绍，他面对的一边是他的上级，一边是新员工。如果他先介绍单位领导，然后介绍新员工，那么恰恰是这位新员工优先了解了单位领导的身份，而这位领导只能随后才了解对方的身份。部门领导的原意一定是想要表达对单位领导的尊重，可他实现这种尊重了吗？答案是不言而喻的。他没有让自己的领导优先了解新员工的身份，因此也就没有把对领导的尊重恰当地表达出来。政务礼仪要求在作居中介绍的时候，恰恰应该是先介绍下级，后介绍上级，因为上级具有优先的知情权。最完美的介绍方式应该是称呼着上级，去介绍下级："领导，给您介绍一下，这位是刚毕业的大学生×××……"

在两个群体之间作居中介绍，也应该是先把级别低的一方介绍给级别高的一方（见图12），在介绍某一方具体成员的时候，应该职

▲（图12）尊者具有优先的知情权

务由高到低地介绍。

在把某位领导或者嘉宾介绍给众人的时候，应以群体为尊者，也就是说，要先把个人介绍给群体。

总之，居中介绍，尊者具有优先的知情权。

3.递接名片：将名片的正面朝向对方

我们中国传统的名片和现在社会上通用的名片样式是不同的，现在我们所用的名片也和握手礼一样，是从国际社会上借鉴而来的。递接名片的礼仪，是人们在见面初期颇需留心的一种待人接物方式。千万不要小看递接名片的礼仪，它包含了很多行为的通用规则。各位想想看，递交给别人名片时应该注意哪些礼仪呢？双手拿着名片，身体前倾，面带微笑，看着对方的眼睛，说几句客气、寒暄的话，把名片的正面朝向对方。这些行为在递交名片的过程当中缺一不可，无一不表现着对对方的尊重。

递交名片，应当注意四个礼仪细节，其实，这都是待人接物的通用礼仪细节。

第一，双手接还是单手接的问题。我们中国人讲究递交物品时要用双手，但是如果你身处一个涉外会见的场合，外国人可能根本不知道中国的礼仪，他很可能会用一只手递给你一张名片，你怎么来接？只要对方的身份不是特别高，名片是双手递来的那就用双手接，是单手递来的就用单手接。但是如果用单手接，最好使用右手而要避免单独使用左手，因为在有些国家的文化和习俗中，左手代表着不洁。伊斯兰国家就是代表，这些国家大多有个共同的习惯，忌讳单独使用左手。如果你用左手给这些国家的人端一杯水，就会被视为对他们的冒犯，他们就不会喝这杯水。所以在参加涉外会见递接名片的时候，要么用双手，要么就用右手，要尽量避免单独使用左手。

第二，递交给别人名片时身体要前倾一点儿，这才是一个典型的谦谦君子式的中国公务人员形象。不论是在递交名片过程中，还是在递交其他物品过程中，身体都要适当地往前倾斜一下，最好不要太过挺胸腆肚。我们也可以把这个前倾的动作进一步地推广一下，我们跟别人握手的时候身体要前倾一点儿，我们冲别人打招呼的时候身体要前倾一点儿，我们听别人讲话的时候身体要前倾一点儿，我们在会议室里开会身体也要前倾一点儿，这是我们中国人在政务场合里对尊者的一种尊重的表现。

第三，递交给别人名片的时候，最好简单地作点儿自我介绍，并说几句客套话，哪怕是最简单的一句话也行。比如，“你好，很高兴认识你！”“你好，我叫×××，我来自×××单位，很高兴与你认识，希望我们今后保持联系。”……这种客套话一定不可以少。有些人只是简单地把名片递出，一句话也不说，这样的人恐怕不会给人留下好的印象。

第四，递交给别人名片的时候，要把名片的正面朝向对方，而不是朝向自己。不仅递交名片，给别人递交文件时也要把正面朝向对方；领导们在主席台上发奖状、发聘书、发合格证书的时候，也要把正面朝向对方。再有，递交给别人一支笔时，要让笔的尾部朝向对方，因为我们中国人的传统是用毛笔，如果将笔尖朝向对方，第一，感觉是对对方的一种冒犯，第二，有可能甩对方一身墨。这样的例子还有很多，比如，给别人敬一支烟，要把烟嘴朝向对方；给别人递一双筷子，要把粗头部分朝向对方；给别人递一把剪刀，要把剪刀的手柄朝向对方；给别人递一个手提包，要把提手朝向对方；军人递交一把手枪，也要把枪柄朝向对方……这些都是我们在日常生活、工作当中经常遇到的情况。所以我们应该形成一个理念，这也是待人接物很重要的一个原则，就是要把正面朝向对方。

说完了递交名片的礼仪，我们再来看一看收到对方名片时应该注意哪些礼仪？同递交名片一样，基本原则还是身体前倾、双手相接、面带微笑、说些客套话，但是有一点不同，就是收到对方的名片时不要马上就收起来或者直接搁到桌子上，而应该对对方的名片表示关注。最简单的办法就是仔细地看一看名片，哪怕你已经知道了对方名片上的内容，也还是应该把名片拿在手里认真、仔细地看一看，或者默读一下，或者向对方作些简单的询问。因为对对方名片的关注，能表现出你对对方的尊重。

4.奉茶：几种典型杯子的奉茶方式

有一件事在待人接物的过程中是避免不了的，那就是为尊者奉茶。有些时候，办公室来了客人，我们就需要给对方沏茶。对于一般性的客人，我们可以请下属来沏茶，但是对于那些德高望重的长者、前辈或者老领导，我们就要亲自为对方沏茶。政务接待中的奉茶礼仪没有必要像茶道那样正式，在这里，我们只列举三种杯子的奉茶方式，略作说明。

先说第一种杯子：一次性纸杯。这是一个新生事物，现在已经基本普及。政务大厅、接待室、会议室、银行、机场等公共场所，都会搁一些一次性纸杯供来人取用。通常来说，一次性纸杯可以由客人自行取用，也可以由主人亲自添水奉上。一般性的场合，对于一般性的客人，主人可以用一次性纸杯盛水或奉茶。但是正式的场合，对于尊贵的客人，最好不要用一次性纸杯来接待对方，这样会显得随意和怠慢，尤其是在领导办公室和主席台上，应该用较正式的会议用杯奉茶。当然，如果条件有限，用一次性纸杯也是可以的，不过要向对方讲明情况。用一次性纸杯给客人端水的时候，最忌讳的就是用手扶住杯沿递给对方，因为这样很不卫生。为了避免烫手，可以加一个杯套或者杯托。

第二种杯子是玻璃杯。这种杯子一般有透明圆柱形或者方柱形等，主要用于盛放以下两种饮品：瓶装水、绿茶。在比较正式的场合，客人就座之前要先拧开瓶装水盖，往玻璃杯里面倒一部分水，然后把玻璃杯和瓶装水搁在客人的右手边。如果要喝茶，请注意最好是绿茶，而不是铁观音、茉莉花茶或者普洱茶等，因为这些茶叶在玻璃杯子里显得不好看。绿茶的最佳冲泡水温是八九十度，冲泡绿茶时可以先加水后加茶叶，这时，我们就可以看见茶叶缓缓漂落下沉，茶水湛清碧绿，会产生一种美感。

第三种杯子是标准的会议用杯——瓷杯。一般的场合，用瓷杯加杯盖这两件套就可以了，但是接待高级的客人，则要用四件套——杯碟儿、软纸垫、瓷杯、杯盖。给对方奉茶的时候，要把茶杯的杯把转到客人的右手边45°为好，主席台上则以杯把平行于主席台为好。（见图13）

茶杯应该放到客人的左手边还是右手边呢？与这个问题相类似的还有，酒杯应该放在用餐人员的左手边还是右手边呢？餐厅宴会桌

▲（图13）正确的奉茶方位

上的湿毛巾是放在客人的左手边还是右手边呢？西餐桌上的面包碟是放在就餐人员的左手边还是右手边呢？这几个问题的答案其实都有国际惯例可循。按照国际惯例，在餐饮场合应该是左手拿固体右手拿液体。由此就可以得出结论，茶杯、酒杯、饮料杯等应放在右手边，湿毛巾则要放在左手边，西餐桌上的佐餐面包也要放在左手边。经常听到有些人从国外归来笑谈一件事，在国外用餐时误拿了别人的面包吃，因为他拿了自己右手边的，但那是别人的。餐厅服务人员常说的"左手毛巾右手茶"，就是遵循左固右液的惯例。

5.接受礼物：打不打开看场合

政务活动中礼物的赠受也是经常遇到的事。收到对方的礼物要不要当面打开呢？中西方文化在这一点上是有所不同的。

中国人传统的性格是含蓄、内敛、低调、沉稳，所以我们一般不会当面太多关注礼物，只是在致谢后礼貌地将礼物搁置在一边，一般不当面打开，这体现了我们中国人对对方的尊重。而西方人却恰好相反，他们在收到对方礼物的时候，一般都会当场打开，当场致谢，当场赞美，这也是为了表现对对方的尊重。政务礼仪作为中国传统礼仪与国际礼仪的结合，在收到对方的礼物时，要求我们怎么做呢？这要根据场合的不同来决定。

第一，在正式的政务场合或是比较庄重的会见场合，收到对方的礼物时无须当面打开。因为中国的政务礼仪始终坚持中国人庄重、严谨的传统理念，即使是参加涉外活动也没有必要非得把礼物打开，只需简单地致谢，然后将礼物放在旁边或者收起来即可。

第二，在非正式场合，比如社交场合、日常生活中、聚会或者小范围会见上，收到对方的礼物时，不仅要寻找机会当面打开，还要当面致谢，当面赞美。

比如我们可以问问对方："我可以打开这件礼物吗？"有些人可能不习惯赞美礼物，但是如果只致谢不赞美，可能会让赠礼者觉得你并不喜欢这件礼物，所以为了表示对对方的尊重，我们一定要对礼物进行赞美。

第三，在献礼的场合收到对方的礼物时，一定要当众打开，而且还要当众展示。比如，一个书法爱好者写了一幅字，裱成了卷轴，要赠送给单位，单位领导上台去接受，接过卷轴不要马上就转过身去走下台，而是要将这幅字当众打开，给在场的人员展示一下。

现在很多单位都会制作一些具有本地特色或者本单位特色的公务礼物，这些礼物大都是办公用品，比如一个水晶的镇纸。尽管镇纸只是一件文具，并无特别之处，但是在接受献礼的过程中，我们还是应该向在场的人士展示一下，让大家欣赏。这样我们就把一件普普通通的礼物重视了起来，这是对献礼者的一种尊重。

关于礼物的话题我们还可以再进一步地延伸。看望亲朋好友、祝贺乔迁之喜、参加节日聚餐，都不要忘记带点儿小礼物。那么，客人进入主人家里，将礼物交给主人的最佳时机是什么时候呢？是一进门的时候。有些人可能会想，我不想太彰显我的礼物，我进门后把它放在一边可以吗？对于那些非常亲近的朋友和家人是可以的，但对于不是非常熟悉的人来说，这样的举动会让主人颇费猜测，还是一进门就把礼物递交给主人比较好。主人如果回赠礼物，什么时候是最佳时机呢？当然不是在收到礼物时当场回赠，最好是在客人要走的时候或者客人有告辞意向的时候。

中西方关于礼物的回赠礼仪也有很多不同。比如，西方人回赠礼物，一般并不一定在本次，即使回赠，礼物的价值也以低于或者平于赠送者礼物的价值为好，因为这样可以突出赠礼者。而我们中国人在回赠礼物的时候，一般都会选择平于或者高于赠礼者礼物的价值，这也是对对方的一种尊重，即所谓的“你敬我一尺，我敬你一丈”。在当今社会，送礼并不在于礼物的价值，更应该看重礼物本身的纪念意义和对方的喜爱程度，从这个角度来看待礼物的赠送，才真正具有表示友好的意义。

到别人家做客，如果家里的男女主人都在，礼物最好直接递交给女主人；如果主人想要回赠礼物，回赠礼物的人也最好是女主人。因为在中国传统文化当中，有着男主外女主内的习俗。

最后，在工作当中赠送礼物我们要注意些什么呢？比如，如果领导安排工作人员为客人准备礼物，工作人员直接把礼物递交给客人，可以吗？当然不可以。

礼物应该由领导亲自递送，或者由领导授意后其他人递送。再延伸一下，在正式的会见场合，一方要向对方提交比较重要的文件，工作人员在拿来文件后直接递交给对方，可以吗？还是不可以。在正式的会见场合，重要文件应由主谈者、领导亲自递交，或者经过领导的授意才可以由他人转交。

专家小贴士

各国送礼趣闻

美国人认为单数吉利，送礼喜欢送单数的，并且讲究包装，有时包装里三层外三层，其实里面不过是几颗糖；俄罗斯人送礼忌讳送现金，最喜欢收外国货，送花一定送单数，双数被认为是不吉利的；阿拉伯人初次见面不送礼，否则会有行贿的嫌疑；日本人送礼忌讳送梳子，接送礼物都要用双手，但是不会当面打开。

6.送客：把客人送到哪里最礼貌

会见结束后，送客的远近要根据不同的情况作出不同的选择。一般性的客人，只需要送到会见室门口即可，这是最基本的。有些公务人员在办公室里接见客人，等客人要走的时候连起身的动作都没有，这是不好的，至少要将客人送到办公室门口去。有些重要的客人或者是值得尊重的领导，我们可以送到电梯口或者楼门口。对于那些十分尊贵的客人，我们则要把他们送到目的地，如酒店、机场或者家里。关于送客，我们可以借用一个英文词组 see off 来说明，就是要看着对方直至消失，这才算得上是礼貌的送客。所以如果我们出门口送客人，可以在客人转弯，或者已经上电梯，看不见之后再回自己的办公室，这是咱们中国人迎来送往时特有的谦和表现。

三 各种会议和会见场合的礼仪

组织、参加各式各样的会议，以及在各种会见场合，都有不同的礼仪要求，比如布置主席台、安排领导座次，比如去上级办公室汇报工作，比如接见群众、参加新闻发布会等。下面我们就来具体谈谈不同情景下的会议和会见礼仪要求。

1.会议礼仪：组织和参加会议的礼仪

先介绍组织会议的礼仪，这里所说的会议是指公务机关组织的较大型的会议。对于会议组织者来说，有以下四方面的要求。

会议通知：简单明确。说明会议的主题、参会人员、开会时间和地点等。一些比较正式的会议，还要注明着装要求。

会议发言：不管是领导讲话还是代表发言，都要适当地控制时间，随意延长发言时间，是一种不礼貌的行为。作为会议的组织者，对于发言时间的长度不妨做个限定。据说，有些国家开会的时候为了避免发言者发言的时间太长，便要求发言者在发言的时候只能用一条腿站着，另外一条腿要悬空。为什么作这个要求？因为这样可以限制发言者的发言时间。

主席台布置：会议主席台的布置基本上有三种方式，中式、西式、中西混合式。纯中式的主席台，其席位要居中而设，没有演讲席位，发言者在主席台原座发言，每个人面前都有麦克风；纯西式的主席台，如各种国际会议、论坛的主席台，是在其右前方摆放一个演讲席位，左后方摆放两到三把椅子，中间不搁桌子，要空出来留给大屏幕；中西混合式的主席台目前比较常见，主席台桌子居中而设，右前方增加一个演讲席位。演讲席位为什么放在右前方呢？因为这类场合以右为尊，这样摆放是对发言者的尊重。比如，在人民大会堂里举行的英模事迹报告会，主席台中间坐的是领导，右前方是英模报告者在作发言。另外，主席台的高度暗示了观众是否可以在现场发言或者与主席台人员进行交流：如果主席台的高度高出观众席位，那么观众基本上不可以现场发言和提问；如果主席台跟观众席位处于同一个高度，观众则可以现场发言和提问。这一点，会议的组织者应该考虑到。

主席台领导座次安排：官方单位如党政机关、事业单位或者国有企业等组织的会议，只要不是涉外会议，基本上都是以左为尊（以主席台的朝向为准）。非官方单位如群众、涉外企业或者民办企业等组织的会议，基本上都是以右为尊（以主席台的朝向为准）。主席台上就座的领导如果不止一排，应按照职位——前排高于后排、中间高于两侧、左侧高于右侧（以官方会议为例）——安排座次。

以上介绍的是对会议组织者的礼仪要求，那么，对于参会者的礼仪要求是什么呢?

遵守时间：无故不要随便迟到，这是公务人员的基本素养。对于一些比较重要的会议，如果迟到了，应该悄声地慢慢入场。如果有仪式正在举行，进入会场时应该就近入座，等仪式结束后再轻轻地走去入座，毕竟迟到不是一件光彩的事。

座无虚席：如果会议组织者没有安排分区就座，一个不成文的基本的原则就是参会者进入会场尽量往前排就座、居中就座，这样不管会场是否能够坐满，至少可以保证前排是坐满的，同时也方便后入场的人就座。这是对会议组织者和发言嘉宾的尊重。

着装得体：不同主题的会议，会有不同的着装要求。对于正式的或者高级别的会议，或者会议通知中作出要求的，参会者都应该穿正装，尤其是主席台就座的领导，这是不可以马虎的。我们中国人，一般都比较含蓄、低调，不太习惯高调、闪亮地身穿正装，因此穿正装的机会并不多。但恰恰是因为平时穿的机会不多，所以每次穿正装的时候都显得珍贵，穿正装也有利于彰显公务人员的庄重和可信任感。如果还穿有外套如风衣或大衣进入小型的、高级别的会议室，进门后应把外套脱下挂起，方可入座。

举止文明：参加会议的时候，参会者应该保持安静，不要随便弄出声音。以下做法是不礼貌的：会议中窃窃私语甚至旁若无人地说话，在会场里面抽烟，现场随便走动，整理物品发出噪音，大声接打手机，**会议或者讲座还未结束便开始收拾物品准备离开**，等等。其实，尊重对方也就是尊重自己，而只有尊重自己才会有尊严。

适当记录：对一些比较重要的会议，应该在现场做会议记录。一些有具体、明确工作要求的会议，或者无法以书面文件下发会议内容的会议，参会者适当地在现场作些会议记录是必要的。

2.进入领导办公室请示、汇报工作的礼仪：从敲门说起

下级进入领导办公室请示、汇报工作时，敲门后方可进入，即使领导办公室的门是开着的，也应敲门示意。敲门声音要轻，以里面的人可以听到为准，次数以三次为宜，敲门的节奏以平稳、舒缓为好。我们常说“未见其人，先闻其声”，简单的敲门声也可以反映一个人的基本素养。（见图14）

▲（图14）礼仪素养从敲门开始

进到领导办公室后，

要先称呼后问候，不要进门就说事情。如果领导没有示意你就座，不要自行就座。汇报或者请示工作时，语言要简单明确，避免啰啰唆唆、含糊不清。对于一些专业性比较强而领导又未必完全了解的事情，最好同时提供几个方案，略作比较，并提出倾向性意见，以便领导作出决定。如果在汇报过程当中有其他的客人来了，汇报者可以根据现场情况征求一下领导的意见："我是这边等一下呢，还是过一会儿再来？"也就是说，把主动权交给领导。告辞的时候，要适当地冲领导点头致意，出门的时候要把门关上。总之，与领导会面一定要表现出足够的尊重。

3.接见群众的礼仪：面带笑容是最好的权威

领导干部接见群众或者出席公务接待日活动时，不管是接待、接见、调研、视察、应询等，都要以一种平易近人的态度面对群众，要用朴实无华的语言与群众进行交谈，要用平等、尊重的语气回答群众的问题。面对群众提出的问题，即使不能解决或者一时回答不出来，也不能敷衍而过，应该耐心地加以解释。即使群众的情绪不稳定甚至出言不逊，领导干部也一定不能以怒制怒，相反，应该始终保持平和的语气和心态，脸上始终带着微笑。

4.新闻发布会的礼仪：不要打断记者的问话

一次比较正式的官方新闻发布会，是官方通过媒体发布信息的重要方式。主席台就座的应该包括主持人和新闻发言人，也可以包括与发布新闻有关的领导和嘉宾。主持人应由主管新闻发布的部门领导担任。发布会开始，主持人应向媒体记者表示欢迎和问候，随即介绍发言人、到会领导与嘉宾。接下来便是发言人的新闻发布，这是发布会的主要内容。发言人应当穿正装，发言时要语言清晰，表达准确，最好讲普通话。

新闻发布完毕后，应适当安排记者提问。如果发布会的性质不适合记者提问，应事先向其说明。如果安排了记者提问，那么发言人回答记者提问时必须保证信息充分和准确，对于需要保密和不适合现场回答的问题，应委婉解释或者删繁就简。

发言人对记者要予以充分尊重，要以礼相待，不要轻易打断记者的提问。即使记者所提的问题不是特别友好，发言人也要以睿智的语言避其锋芒。对于发言人来说，最重要的是表达自己想说的，回答记者的提问也应以这一目标为中心。从这个角度来讲，回答提问应该是手段，而不该是目的。

新闻发布会快要结束时，主持人应提醒还有多少个问题可以回答，以给记者充分的思想准备。新闻发布会结束时，主持人应向到会记者表示感谢，并宣布新闻发布会结束。

对于某些比较重要的新闻，为避免记者报道失实或者不完整，新闻发布会组织者可以事先向记者印发新闻稿，以保证全面、准确地进行重要新闻的报道。

结语　关于会议、会见有许多应该掌握的礼仪规范，但是公务人员要做的并不是机械地恪守这些礼仪和规范，不管是与会者还是主会者，最应该做的是把礼仪与自己的个性和周围的环境结合起来，努力做到最得体、最自然、最不着痕迹，让对方感觉最舒服——这才是礼仪的最高境界。

第五章
政务座次礼仪

人类文明发展到一定的程度，会自然而然地选择用方位和次序来表现对人的尊重，这就形成了座次礼仪。中国儒家文化讲究的是尊卑有序，现代政务场合依然很重视座次礼仪，接下来，我们将就政务座次问题进行讲解，具体说明各种场合的方位、次序所代表的意义。本章节所介绍的内容是公务人员必须掌握的。

一 方位：会议与宴席不同方位的尊卑之分

座次礼仪纷繁复杂，要求颇多。以左右、前后为区分的座次礼仪是为了体现对尊者的尊重，所以公务人员应该也必须掌握。不过，在此要强调的是，一旦尊者的个人意愿与礼仪规范产生偏差或者冲突，那么顺从尊者的个人意愿会比坚持礼仪规范更重要。礼仪在特殊情况下，会有也应该有一定的变通性。

我们先说说会议室的座次安排，这里有四大原则。

面门为尊

请看图15。

在这个会议室里，房门开在平面图的右下角位置。如果我们请客人或领导就座，应该请他们坐到哪一边去呢？仔细研究一下这幅图，不难知道，应该把客人或领导请到面对着房门的位置，因为面对着门的位置可以让人有一种安全感、踏实感，有一种统揽全局的感觉。这就是座次礼仪的第一条原则：面门为尊。

在这样的会议室里，领导有时会选择坐在会议桌顶头来主持会议，但是这仅限于坐在两边的人都是领导的下属。如果在座的是平级的客人或者是外单位的客人，领导就应该选择与尊者面对面地就座，而且要把客人请到面对着门的位置。

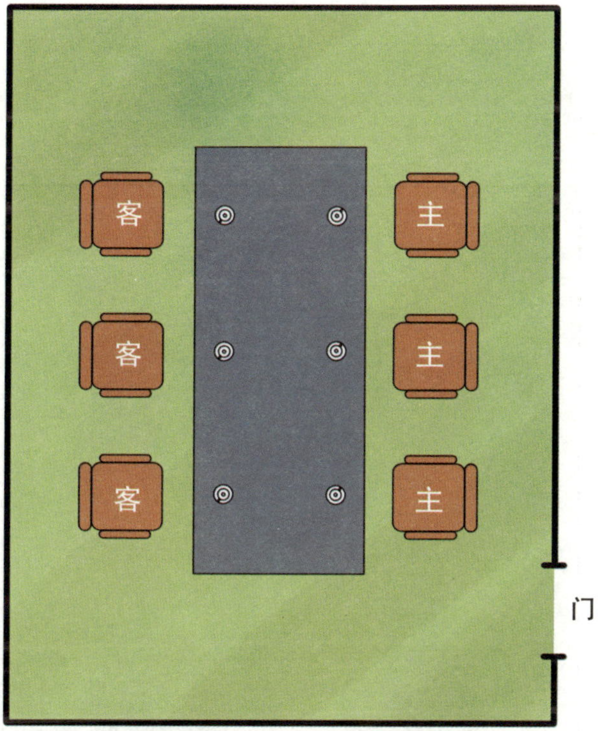

▲（图15）面门为尊

在办公室里会客是常有的。如果你坐在办公室自己的办公椅上，请客人坐在办公桌对面的椅子上，这是可以的，但这仅适合于比较轻松的气氛，或者坐在对面的人是你的下属。如果对面坐的是一位远方客人或者是你的平级同事，甚至是你的上级领导，那么这种坐法就显得不够礼貌了，因为这会给人以居高临下的感觉。遇到这种情况，应该把对方请到沙发上与其肩并肩地坐下，或者与其到旁边的椅子上面对面地坐下。对于那些不太熟悉或者比较重要的客人，最好不要在办公室里会见，应该把客人请到会议室里去，而且请客人坐到尊位上去。

远门为尊

请看图16。

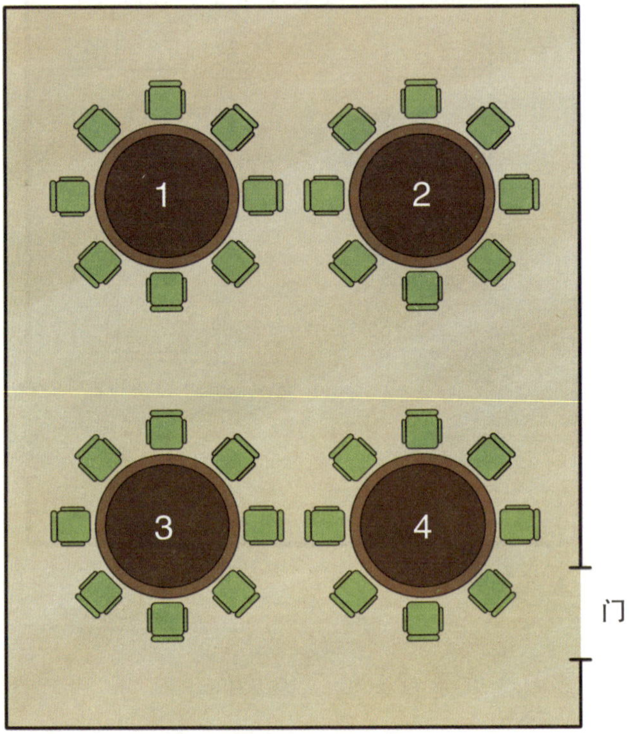

▲（图16）远门为尊

在这样一个宴会厅里面，摆放着四张典型的中国圆桌，我们应该把主桌安排到几号桌上去呢？大家只要用心思考一下，就会作出这样一个选择：1号桌。因为1号桌离门最远，它在最里边，最有统揽全局的感觉，而且请尊者坐在这张桌上，相对来说尊者不易受到打扰。这就是座次礼仪的第二条原则：远门为尊。离门越远的位置，越显得尊贵。

除了主桌，那么次桌应该安排到几号桌上去呢？答案是2号桌。再往下排呢？3号桌、4号桌。在这样一个宴会厅里，四张桌子的标准排序应该是1、2、3、4，2号桌的位置高于3号桌，就是因为它在里面。

居中为尊

把前图稍加调整，变成六张桌子，如图17所示。

▲（图17）居中为尊

这个时候主桌应该安排到几号桌呢？答案是1号桌。因为1号桌在中间，这就是座次礼仪的第三条原则：居中为尊。为什么不选择4号桌呢？因为4号桌离门近，容易受到打扰。实际上，此时远门为尊与居中为尊互相结合了起来。

那么，在这样一个宴会厅里，我们应该怎么排列这六张桌子的礼宾顺序呢？答案是1、2、3、4、5、6。这时候，一个很有意思的问题是，如果这个宴会厅的房门不是在平面图右下角，而是在左下角，或者正下方，那么这个宴会厅的礼宾顺序是不是也随着变化呢？请你仔细想一想，不要看下面的答案，到底变不变呢？可能会有不少人说变，但正确的答案是不变！因为在这六张桌子的排列中，有了1号桌、4号桌组成中心线，以右为尊便比远门为尊显得更具有通用性。不管房门开在上述哪个位置，2号桌都在1号桌的右边，都是仅次于1号桌的次桌位置，六张桌子的排序都是1、2、3、4、5、6。关于餐桌座次礼仪，我们后面还要作进一步的介绍。

观景为尊

请看图18。

▲（图18）观景为尊

房间里有一面观景窗，窗外是美丽的风景，青山绿水。在这种情况下，我们应该把客人请到哪一边就座呢？当然是面对风景的一边。这就是座次礼仪的第四条原则：观景为尊。因为坐在面对着风景的一边，可以让客人得到更多的愉悦并感受到更多的尊重。

有个问题需要作点儿补充，安排领导会见，以下两种会议室布置，面对面的长条桌式布置、肩并肩的沙发式布置，应该选择哪种呢？一般说来，对立性比较强的会见，比如谈判或者文字讨论性的会见，以面对面的长条桌式布置为好；彼此比较熟悉、友好，或者礼节性的会见，以肩并肩的沙发式布置为好。

到这里，关于方位尊卑的四个原则都已经介绍完了，我相信读者在日常的工作中大多也都是这样安排的，这里只是给你提供了一个理论的支持。下次再安排座次的时候，你就可以“礼”直气壮了。

二 以左为尊的适用场合：民间的传统礼仪与官方内部会议的主席台排序

前面我们介绍了方位的尊卑问题，接下来请再看图19。

在这样一个房间里，没有窗户，只有门开在一面墙的正中央。通过这幅图可以看出，如果门稍微往旁边偏一点，那么我们就可以凭借面门为尊或者远门为尊的原则来安排座次了，可是恰恰这扇房门开在一面墙的正中央，那么前面的四条关于方位的原则便不再适用。在这里只能以左右来确定尊卑之分了。那么我们应该把客人请到左边还是右边呢？同

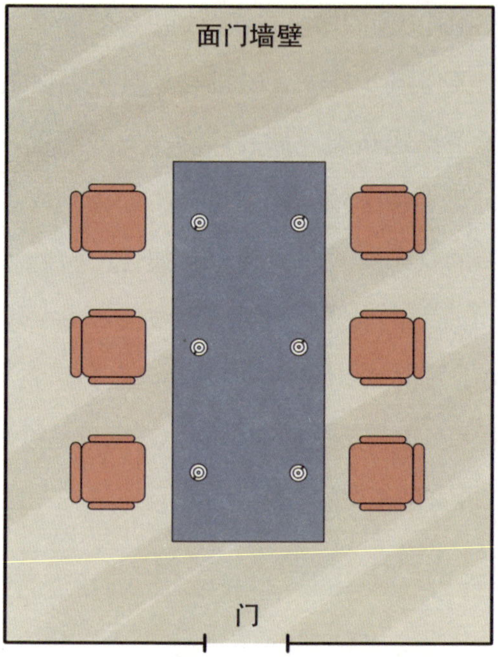

▲（图19）如何安排主、客座次？

时，哪边是左哪边是右呢？实际上在这里有两个问题需要解决：第一，哪边是左，哪边是右？第二，到底以左为尊，还是以右为尊？

第一，哪边是左边，哪边是右边？

要想确定左右，就要先看看会议室的主背景在哪里。例如，进入会议室，如果对面的墙布置有讲台、主席台或者会标等背景元素，那么这个会议室的主背景就是这面墙，我们背对着这面墙站立，左手边即为会议室的左边，右手边即为会议室的右边。但如果对面的墙没有

前面提到的背景元素，就只是简单的一面墙，那么事情就更简单了，保持进门的朝向不变，左手边即为会议室的左边，右手边即为会议室的右边。

第二，到底以左为尊，还是以右为尊？

关于这个问题，不同的国家、不同的文化，在不同的时期有不同的答案。首先，我们来想一想，中国的传统礼仪是以左为尊还是以右为尊？在中国五千年的文化史发展过程当中，绝大部分朝代都遵循以左为尊的原则，只有极少数的朝代遵循以右为尊，因此我们可以笼统地说，中国传统文化是以左为尊的。这是因为中国地处北半球，面向正南方时太阳在我们的前面，而左手边就是太阳升起的方位，紫气东来，以东为尊，这样就形成了以左为尊的文化理念。我们经常听到一些文人雅士邀请别人到家里做客时说这样一句话："我虚左以待。"把左边的位置空下留给客人，这就是用一种文雅的方式表现对客人的尊重。因此，按照中国传统，我们应该把客人请到左侧。

西方人不是看太阳，而是看手。因为右手的力量更大、更灵活，所以他们崇尚以右为尊。西方国家有一句谚语，"Right is right"，直译就是"右边才是对的"。以右为尊是西方人的排序原则。应该说当今世界范围内，绝大多数的国家，绝大多数的场合，绝大多数的人群，都在遵循以右为尊的原则，甚至已经形成了一种国际惯例。可以这么说，**国际惯例以右为尊**。因此，按照国际惯例，我们应该把客人请到右侧。

那我们如何对待民族文化与国际文化的不同呢？一个很简单的

方法或者说是原则就是：凡是在与国际接轨的场合，都遵循以右为尊的原则；相反，对于那些没有与国际接轨的场合，我们就沿袭中国的传统礼仪，遵循以左为尊的原则。也就是说，当今的中国，既有以左为尊的场合，也有以右为尊的场合。

我们可以这样概括：当今中国，有两大层面以左为尊，五大场合以右为尊。两大层面是指民间层面和官方内部会议层面，五大场合是指餐桌场合、公共场合、商务场合、国际场合和外交场合。

我们先来说说以左为尊的两大层面，即民间待客和官方内部会议排序。这两大层面都没有与国际接轨，因此都在遵循中国的传统礼仪，以左为尊。

■第一个层面，民间待客以左为尊。

我们来看一下图20。这是一个典型的中国民间厅堂：一张八仙桌正对着门，两边各有一把太师椅（A椅和B椅）。在这样一个房间里，主人请客人就座时应该把客人请到哪张椅子上呢？是A椅还是B椅？很多人都说这个问题不太好回答，因为左右到底应该以谁的朝向为准来确定呢？

要解决这个问题，我们首先要明确一个概念，在一定的空间里，所谓的以左为尊（或者以右为尊），是为了体现主人对客人的尊重呢，还是为了体现观众对客人的尊重？我们稍微用心一想就知道了，当然指的是主人对客人的尊重，因为观众和就座的客人之间是面对面的关系，是不能以左右来论的，而且有些时候是没有观众的。既然指的是主人对客人的尊重，那进一步考虑，我们所说的以左为尊（或者

▲（图20）民间待客以左为尊

以右为尊），是当事人的朝向，还是观众的朝向呢？答案当然是当事人的朝向。这个结论就是我们安排座次的前提。请大家牢记这句话：今后在工作当中排列座次的时候，**不论是以左为尊，还是以右为尊，我们指的都是当事人的朝向，而不是观众的朝向**。

那么在前面的图上，既然是指当事人的朝向，又是以左为尊，那么很明显客人应该坐在A椅上。由此，也不难理解我们经常在古装影视剧里看到的场面：进门后主人请客人上座时，是伸出左手把客人请到左边的位置，这就是以左为尊。

如果是典型的中国民间厅堂，那么房门应该是冲向南方的，因此客人的方位就是东了。我们前面提到了以左为尊，也提到了以东为尊，而东位和左位在这个房间里是重合的，这就是中国传统文化中天人合一理念的具体体现。汉朝的董仲舒系统阐述了天人合一的理念，即天论东南西北，人论前后左右，左位和东位重合才是最顺应天意的。对于这一理念，在我们生活当中，有很多场合都可以找到例证。

例如，北京奥运场馆的鸟巢和水立方。奥运会期间大家都看到了它们的相对位置——一个居于北京中轴线的东侧，一个居于北京中轴线的西侧。那么鸟巢是在中轴线的东侧还是西侧呢？答案是在东侧。当初设计场馆的时候，如果把鸟巢设计在西侧，水立方设计在东侧，可以吗？不可以。因为选择这两个建筑物作为北京奥运会的标志性建筑物，一个取其圆形，一个取其方形，暗合着中国人传统的宇宙观——天圆地方、天尊地卑。这体现在两个建筑物的具体方位上就是圆形的鸟巢居于东边，方形的水立方居于西边。在东边就是在左边，在左边就是在尊位，鸟巢是主体育场，当然应该在东边。

再如北京的故宫，里面有两个建筑物，一个叫文华殿，一个叫武英殿，文官到文华殿，武官到武英殿。即使你没有去过故宫，或者去过故宫却已经忘记里面的具体情形了，现在你也应该知道，文华殿在故宫中轴线的东侧，武英殿在故宫中轴线的西侧，因为在中国传统礼仪当中，文官的地位更高一些。举个简单的例子，我们在《三国演义》里看到，刘备召集大臣的时候，总是面南背北而坐，大臣分列两边，文东武西，文左武右，这就是为了表明文高武低和文尊武卑。这些都是我们中国传统礼仪中以左为尊的具体体现。

中国被全世界誉为礼仪之邦，那么，中国是从哪个朝代开始正式确立了礼仪的重要地位呢？是西周。从那时候开始，中国礼仪之邦的形象就已经基本上形成了，而且中国人大约也就是在西周时期逐渐地形成了温文尔雅、含蓄内敛、低调沉稳的民族性格。从西周初期到春秋末期，五六百年过去了，孔子感叹“礼崩乐坏”，于是求礼于“野”。“野”是乡村民间的意思，就是要到民间去寻找礼仪。在中国的民间，到处都可以看到以左为尊的例子。

第二个层面是官方内部会议排序，主要是指主席台上的排序。

官方内部会议主席台上的排序沿袭了中国的传统礼仪，其原则依然是以左为尊。例如，十七大结束之后，新当选的中共中央政治局常委一行九人从舞台右侧出来面见媒体，当这九位领导面对媒体站好之后，其顺序就是标准的主席台排列顺序。具体来看，居于中间位置的是党的总书记，居于其左侧的是全国人大委员长，居于其右侧的是国务院总理，居于全国人大委员长左侧的是全国政协主席，以此类推。（见图21）通过这个例子可以看出，所谓的以左为尊，前提是居中为

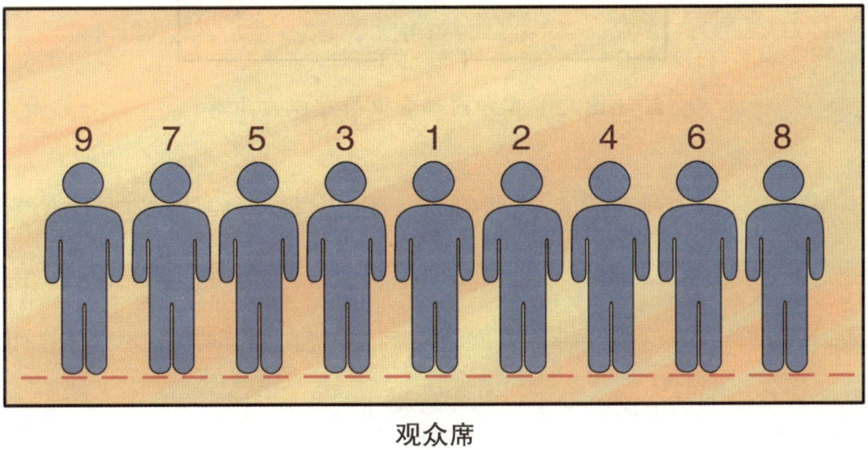

▲（图21）官方内部会议排序以左为尊

最尊；所谓的以左为尊，是指1号人物的左侧尊于右侧；所谓的以左为尊，指的是当事人的朝向，而不是观众的朝向。

还有一种官方内部会议排序不是在主席台上，而是在房间的长条桌上，是由领导在长条桌顶端主持的内部会议。如图22所示。

▲（图22）官方内部会议排序以左为尊

坐在顶端正对着门的是1号领导，那么2号领导应该排在什么位置呢？在1号领导左侧的第一个位置。3号领导在1号领导右侧的第一个位置，以此类推。这是竖排，表面上看与主席台上的横排不太一样，可是一旦我们把这个图展平了，其实跟横排的原则完全一样。

由此，我们推出官方会议主席台排序一号原则：面向观众、居中

为尊、左位为上、交叉排列。

你可能已经注意到了，前面两个例子是在说明单数人数的排序情况，那么双数人数时怎么排序呢？主席台上的排序出现双数主要有两种情况。

第一种情况，参加会议的领导们来自平等的两个单位，双方在地位上是平等的。

比如说平等的买卖双方、主客双方、合作双方，这个时候主席台上的排序，为了体现双方的平等性，中线需要空出来，双方的领导各居一边，出席人数各自相等，无须交叉排列（见图23）。比

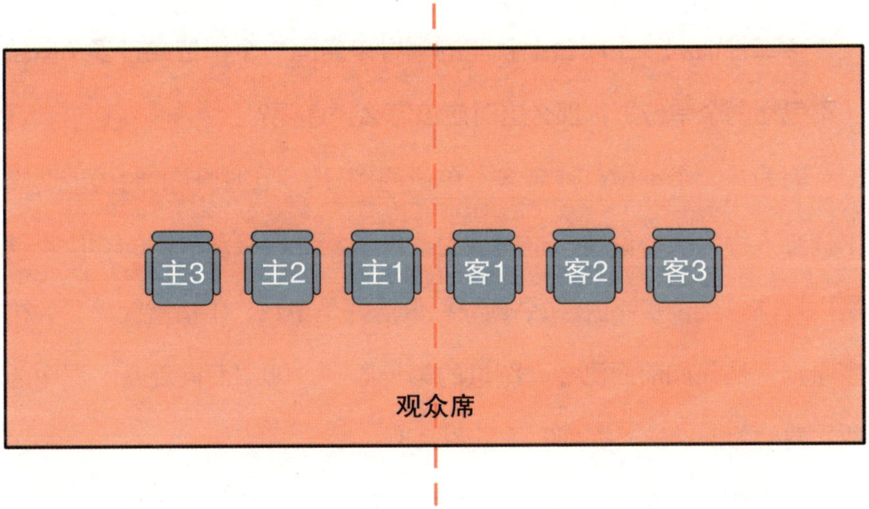

▲ 图23

如，两个官方单位共同举办一场联合的新闻发布会，地点选择在其中一个单位的会议室里，在这个会议室的主席台上双方的领导共同就座，就属于这种情况。这时的座次排序是：把中线空出来，中线

的右边第一位是来自主方的1号领导，本着以左为尊的原则，中线的左边第一位是客方的1号领导，主方1号领导往右手方向顺次排列主方2号领导、主方3号领导……客方1号领导往左手方向顺次排列客方2号领导、客方3号领导……双方出席人数相同，各居一侧，无须交叉排列。在这种情况下，最好不要出现某一方的领导级别过高。

这种排序原则也同样适用于以右为尊的场合。比如，北京奥运会开幕式的主席台排序就是按照这一原则，只是把以左为尊变成以右为尊。主席台中线的左侧，排列的是中国的党和国家领导人，中线的右侧，排列的是国际奥委会的高级官员。我们前面多次提到的“交叉排列”，在这种平等的、双方领导共同就座的主席台上是不适用的。

第二种情况，主席台上就座的领导来自同一个单位或者多个单位（不包括两个单位），那么这时应该怎么排序呢?

因为是一个单位，或者多个单位的领导，所以排序的时候就要突出核心人物的核心位置，也就是说，众位领导中级别最高的一位也就是1号人物要居中就座。如果领导总数恰好是单数，事情就简单了，排序原则就是我们前面已经介绍过的第一原则，即“面向观众、居中为尊、左位为上、交叉排列”（见图24）。

在主席台上领导总数是双数的情况下，有两种排序的可能：第一种，1号人物在中线的左侧，2号人物在中线的右侧，以此类推；第二种，1号人物在中线的右侧，2号人物在中线的左侧，以此类推。究竟哪一种排序是正确的呢？国家的标准排法，明确规定了官方内部会议主席台上人物的排序方式：双数的时候，中线的右侧是1号

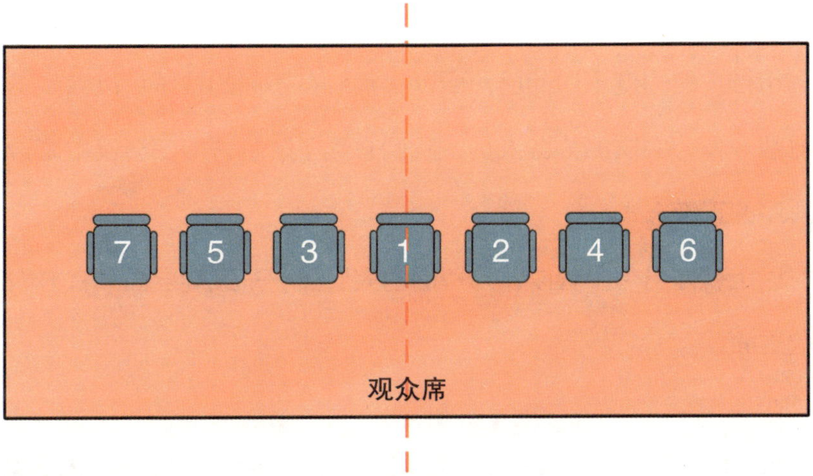

▲ 图24

位，左侧是2号位，并依次进行交叉排列。这是当今中国官方主席台上最严谨、最规范的排序方式。我们用一句话就可以对这种排法作出总结，这实际上也是官方内部会议主席台人物排序的二号原则：**不管单数双数，2号位始终在1号位的左手边**。（见图25）

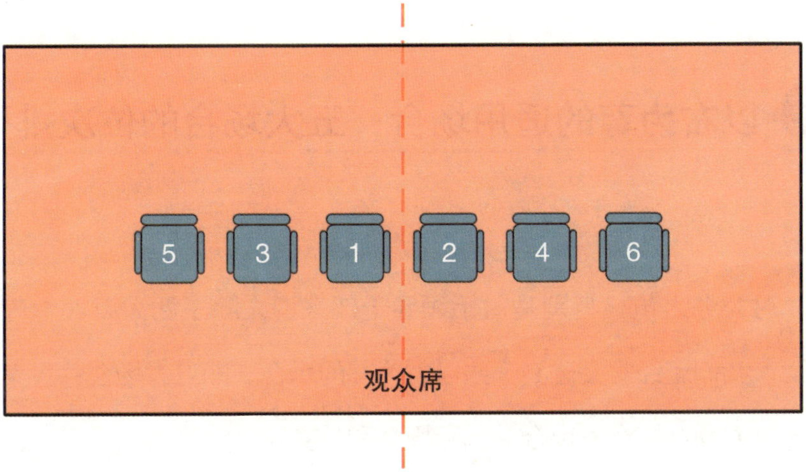

▲ 图25

这种排法不仅在中央层面进行了普及，各省市也做了推广，只是各省市推广的力度不同而已。所以，我们在不同的地域可以看到不同的排法。作为中国的公务人员，我们必须了解官方内部会议主席台人物排序的正确方式。

以上就是当今中国以左为尊的两大层面——民间层面和官方内部会议层面。

专家小贴士

春秋末期，奴隶制度逐渐瓦解，西周初期制定的礼乐制度也遭到了极大破坏，各诸侯、卿大夫僭用礼乐的现象十分普遍，并且不再听从周天子的号令，这些行为是严重违背原有的礼仪规范的，所以后人形容这一时期时，常用“礼崩乐坏”这四个字。

三 以右为尊的适用场合：五大场合的位次排列

对公务人员，特别是对于领导干部来说，除了两大以左为尊的层面，我们还经常会碰到一些以右为尊的场合，即五大场合：餐桌场合、公共场合、商务场合、国际场合和外交场合。因为这五大场合都跟国际接轨，融入了国际惯例，所以我们都遵循以右为尊的原则。

餐桌 场合

中国餐桌座次礼仪是中国传统礼仪与国际礼仪的完美结合，以右为尊。此处内容将在餐桌礼仪部分进行详细介绍。

公共场合

在有大众参与的非官方的各种公共场合中，一般按照以右为尊的国际惯例进行排序。比如说晚会，两位主持人从舞台右侧走出来，按照惯例女士走在前面，男士走在后面，但是当女士站定了位置之后，男士跟着转身站在女士的右边，这样可以吗？不妥。因为这是公共场合，应该遵循以右为尊的原则，男士应请女士站在右边，保持男左女右的一个排列。所以说当女士站定后，男士应该从后边绕到她的左边来站定。当然，如果两位主持人的年龄相差比较大，比如一个是赵忠祥，一个是杨澜，那还是应该请赵忠祥站在右边，因为我们中国讲究以长者为尊。再如，领导在群众大会上给获奖者颁发奖状，或者领导在讲台上接见嘉宾，领导应该站在左侧还是右侧呢？应该是左侧，因为领导一般被视为台上的主人，按以客人为尊原则，就应该把客人让到领导的右边。又如，会议室主席台的布置，在主席台右前方设立演讲席位，这也是出于对演讲嘉宾的尊重。有些人误以为只要有领导出席的会议都是以左为尊，其实是只有官方内部会议领导之间的排序才是以左为尊，而公共场合的舞台或者讲台还是以右为尊的。

商务场合

商务礼仪当中以右为尊的原则现在已经广为应用，因此企业在举行签字仪式的时候，一般都是主人居左客人居右。

讲到企业的排序，在国有企业里，对内和对外所遵循的原则是不一样的，即所谓的内外有别。有些国有企业，其前身是政府机构的一部分，因此企业领导班子大多会参照官方内部会议排序原则进行排序，即以左为尊。但是这些国有企业在对外待客的时候，在与别的企业进行商务会见的时候，不论对方是国内企业，还是国外企业，都遵循国际商务礼仪，以右为尊。这就是中国国有企业的内外有别的排序原则：对内以左为尊，对外以右为尊。

但纯粹的民营企业、上市公司、涉外企业、没有官方注资的企业，不管对内对外，都是遵循国际商务礼仪，以右为尊。

国际场合

在有多国参加的国际会议场合，各国领导人之间的排序，遵循的是以右为尊原则。在这种会议的官方合影中，东道主居中而立，其右侧第一位就是第一贵宾，其左侧第一位就是第二贵宾。比如说2009年4月在伦敦举办的20国集团金融峰会，中国的领导人也出席了这次峰会，那么在这次峰会期间谁是这20国领导人当中的第一贵宾呢？看看图26你可能就会有答案了。

这样的官方合影的排序要遵循三个原则：前排高于后排，中间高于两侧，右侧高于左侧。上图中，前排九个人最中间一位领导人是

东道主——英国首相布朗，他右手边第一位，就是我们国家的领导人——中国国家主席，很明显在伦敦峰会期间，中国是第一贵宾。布

▲ 图26

朗左手边第一位是巴西总统卢拉，是第二贵宾。这是20国集团金融峰会对新兴经济增长体国家领导人特殊的礼遇。

2015年11月在土耳其安塔利亚召开的20国集团（G20)峰会，在这次的官方合影中，中国领导人再次站到了东道主土耳其总统埃尔多安的右手边第一位，说明这次我们中国再次成为会议的第一贵宾。（见图27）

▲ 图27

再如，2014年11月在中国北京召开的亚太经合组织第二十二次领导人非正式会议（APEC），在这次在官方合影中，中国领导人以东道主的身份站在前排最中间的位置，位于右手边第一位的美国总统奥巴马是第一贵宾，位于左手边第一位的俄罗斯总统普京是第二贵宾。（见图28）

▲ 图28

我们再来看看2008年北京奥运会的颁奖台。如果你要是打开电视机晚了，可能都不知道谁是第二名，谁是第三名，因为颁奖台上第二名和第三名的高度是一样的，那谁是第二名，谁是第三名呢？冠军右边的那一位是第二名，冠军左边的那一位是第三名。因为这是国际场合，以右为尊。（见图29）

▲ 图29

外交场合

外交场合主要指涉外的双边会见。如果会见地点在中国国内，双方握手合影时，中方居左，外方居右；如果会见地点在国外，双方握手合影时，外方居左，中方居右。当然，这只是一种通行的原则，也不排除例外。比如，2007年3月，俄罗斯“中国年”中国新闻中心启动仪式在中国驻俄罗斯使馆举行，在这样一个场合，中方是主人，俄方是客人，因此启动仪式上是中方居左，俄方居右。类似的还有，中

方在出访期间，如果在下榻的酒店会见外宾，也是遵循中方居左、外方居右的原则。（见图30）

▲ 图30

分清了以左为尊和以右为尊的各种场合，我们就会发现自己的眼界开阔了很多。应该说，这是公务人员必须掌握的常识。

四、引领、行进、楼梯和电梯的位次礼仪

在实际工作中，我们也经常会遇到一些并没有那么正式的场合，但也存在排序的问题，比如在行进过程中或者在乘车过程中。对此，彼此之间的相互位置也是有礼仪可循的，这就是接下来我们要介绍的四大位次礼仪。

引领者的方位

单位来了一位贵宾，派出一名工作人员前去引领，引领者应该走在贵宾的什么方位呢？答案是左前方。因为在引领过程当中，应该本着引领的目的走在前方，同时又应遵循公共场合的尊右原则，因此引领者应该在左前方引领，把贵宾让到右后方的适当位置上。应该指出的是，目前很多的引领者经常会跟在贵宾的后方行走，实际上这时他扮演了一个指挥者的角色，并不利于简单、明确地实现引领的作用。

陪同者的方位

一般情况下，会由单位的领导亲自陪同贵宾行进或者参观，为贵宾作介绍，那么陪同者应该走在贵宾的什么方位呢？答案是左边。因

为陪同场合虽然也涉及领导之间的排序，但这毕竟不是官方内部会议领导之间的排序，所以应以主客之分来表现尊重。陪同的主人要在行进过程中与贵宾进行交流，同时又应遵循公共场合的尊右原则，因此应与贵宾并排行走，并行走在贵宾的左手边。

楼梯

楼梯可以分为宽楼梯和窄楼梯，行进时对于这两种楼梯的处理方式有所不同。对于宽楼梯，同行者可以与客人或领导（以下统称为位尊者）并排着上下楼梯。在这样一个过程中，应把位尊者请到什么方位去呢？显然这时左右关系已经显得不是很重要了，重要的是应把位尊者让到一个既安全又省力的方位，也就是楼梯的内侧，靠着内侧扶手的一边（见图31）。我们经常在身边看到一些小伙子，平时看不出

▲ 图31

有什么与众不同，但总会在上下楼梯的时候主动走到楼梯的外侧。这样的小伙子总是会令人特别欣赏，因为他把安全的位置留给了别人。如果需超越前方人员，礼貌的做法是从楼梯的外侧行进。如果是在公共场合（比如百货商场）的楼梯间，两排行人相向而行的时候，则应该遵循右行原则自然通过。

对于窄楼梯，同行者无法与位尊者并排行进，只能保持一上一下、一前一后的走法，那把位尊者请到什么方位去呢？显然这时应该关注位尊者的安全，因此，上楼梯时，应该把位尊者请到楼梯的上方行走，下方有人进行安全防护，这样位尊者就会处于一个安全的位置。而下楼梯时恰好相反，应是位卑者先行，这样同样确保了下方有人进行安全防护。

不过有一个特例要予以注意：如果一位男士陪同一位身穿短裙的女贵宾上窄楼梯，男士应该行走在前面，也就是走在楼梯的上方，以免引起女士的尴尬。

电梯

电梯门打开了谁先进入电梯？首先要看电梯有没有司梯员，如果有司梯员的话，应该请位尊者先进入。如果没有司梯员的话，则要视情况而定。如果是主人客人之间，则应由主人先进去操控电梯；如果是上下级之间在本单位的办公大楼里候梯，则应该由领导先进。如果没有司梯员，但电梯里恰好有其他乘客站在操控电梯的位置，应该视为电梯有司梯员。

电梯到站了谁先出呢？首先要看电梯是否是专梯。什么是专梯呢？

在接待高级贵宾的时候，清空一部电梯，里面安排一个司梯员，专供接待使用，这就是专梯。如果是专梯，原则很简单，贵宾先进入，贵宾先出来；如果不是专梯，而是公共电梯，原则就更简单了，谁在外面谁先出来。因为在公共电梯里，考虑到还有其他不相识的乘客的方便，最好不要有人刻意地挡在电梯口不动而等待里面的人出来。

另外需注意的是，在电梯间应面向电梯门，避免大声喧哗、接打电话、直视其他乘客。

五 乘车座次的礼仪

为了使读者尽可能全面地了解各种情况下乘车的座次礼仪，我们把日常工作中常见的五种车型逐一进行介绍。

小轿车

由专职司机开的公车，如果是小轿车，领导的专座在哪里？在后排右座。这个位置处于非车行道的位置，很方便迎接。这个位置叫做领导席或者贵宾席，后排左座叫做陪同席，而前排副驾驶的位置是工作人员席位。有些领导会选择后排左座作为个人专座，相对来说这个位置比较安全一些，在走山路或高速路时，这是一个不错的选择。其实，在非正式场合，领导坐在哪里都可以。但是，如果在仪式性场

合，有人来列队欢迎，有人来开车门，领导或贵宾一定是坐在后排右座的位置，接待人员也应该率先打开右后车门迎接。（见图32）

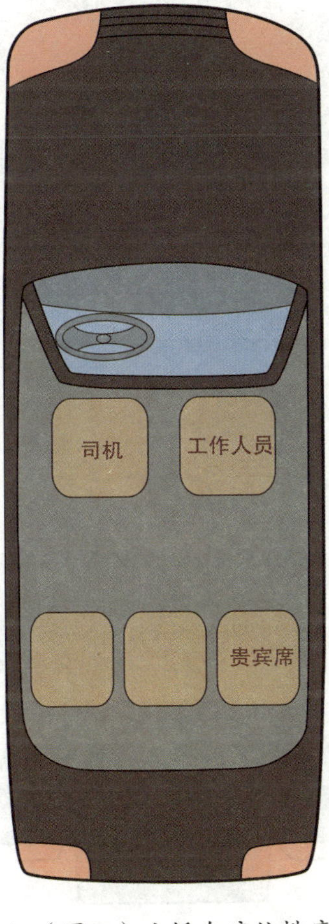

▲（图32）小轿车座位排序

越野车

如果是由专职司机开的越野车，领导的专座，还在后排右座吗？不是，而是前排副驾驶的位置。因为，越野车源于战争时期，是军事首长的指挥车，坐在前排视线最好，因此，前排副驾驶位置

为尊位。礼宾人员在迎接这种车时，应率先打开副驾驶位置的车门迎接。（见图33）

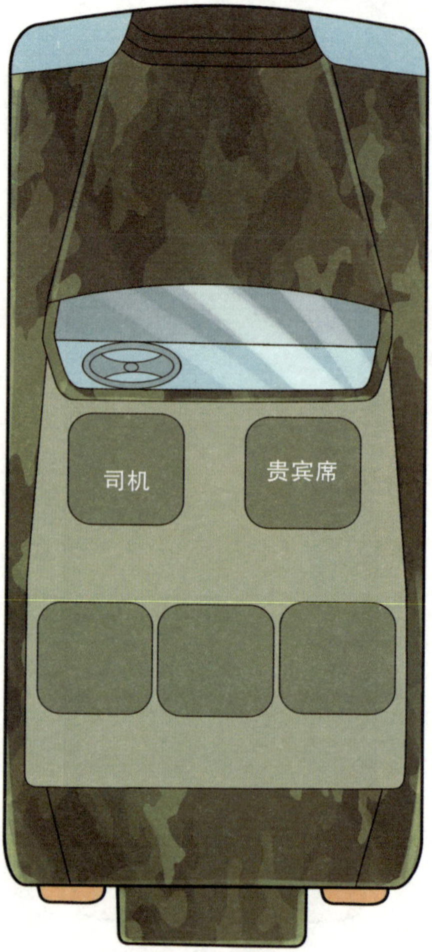

▲（图33）越野车座位排序

商务车

三排座的商务车，最尊贵的位置在哪里？打开右侧中门沿中间一排往里到最里边的位置，也就是司机正后方的位置，就是商务车上最尊贵的位置。随车的陪同者可以坐在中间一排的右侧门口位置，工作

人员坐在前排副驾驶的位置。后排可以坐主人，也可以坐客人，级别低于中间一排，但是应先上车、后下车。（见图34）

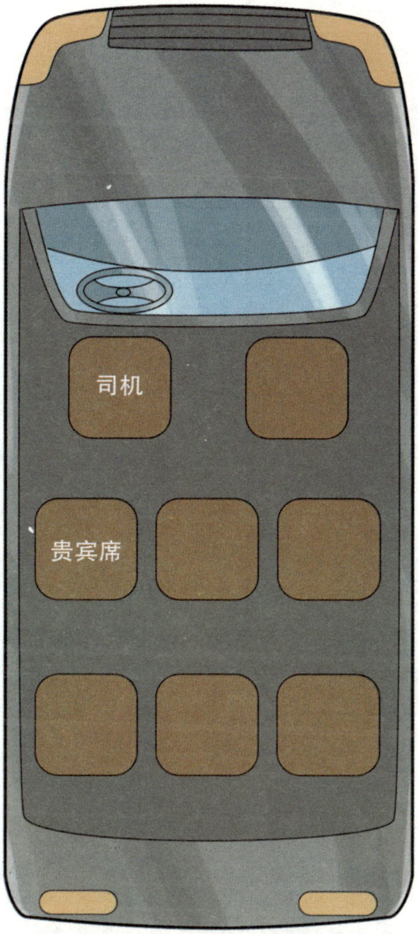

▲（图34）商务车座位排序

中巴、中型面包车

中巴、中型面包车上最尊贵的位置在哪里？打开中门，正对着的那一排位置虽然比较方便，但并不安全，此排后面的那一排，才是中巴车或中型面包车最尊贵的位置。因此中巴的最尊位在中门的斜后方。一般来

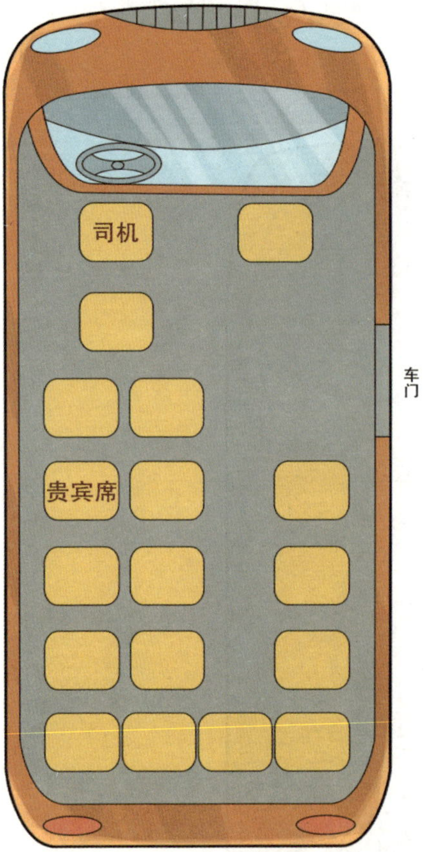

▲（图35）面包车座位排序

说，长车是第三排，短车是第二排。有些高级中巴车经过了特殊改装，在前两排之间加装了一张桌子，此时桌子后的那个位置便是领导专座。如果领导或贵宾并不知道应该往哪里就座，可以安排一人先行上车引领。（见图35）

大巴、大客车

大巴、大客车最尊贵的位置在哪里？在司机正后方第一排的位置。这个位置既方便又舒适，而且视线也比较好。大巴车上的座位，从前往后礼宾顺序依次降低。有时我们会看到，一些年轻人一上车就往前排座，就是对车上礼宾顺序不了解的缘故，其实年轻人应该上了大巴车之后尽量往里走，往后排就座，把前排留给领导、留给长者、留给女士。如果车上有主方的领导陪同，可以将其安排在大巴车右侧的最前面位置。（见图36）

这五种车，都是专职司机开的车，如果是非专职司机开车，又该如何呢？如果是由同事、朋友、合作伙伴等亲自开的公用小轿车，或者是由自己驾驶的私家小轿车，车上最尊贵的位置在哪里？答案是副驾驶的位置。有人会说坐在副驾驶的位置并不安全，其实在这个时候开车者本身就不是一名职业驾驶员，那就不能用安全与否进行评判了，而是要体现平起平坐，体现彼此的相互尊重。

只要是非专职司机开的车，在有人乘车时前排的位置尽量不要空出。我们经常看到有些人在搭领导的车时，上车就座到了后排，领导请他到前排就座，他还坚持坐在后排，他认为这样才是对领导的尊重，其实，在客气之余，他已经把自己置于不恰当的位置上了，这是一件有失礼仪的事。

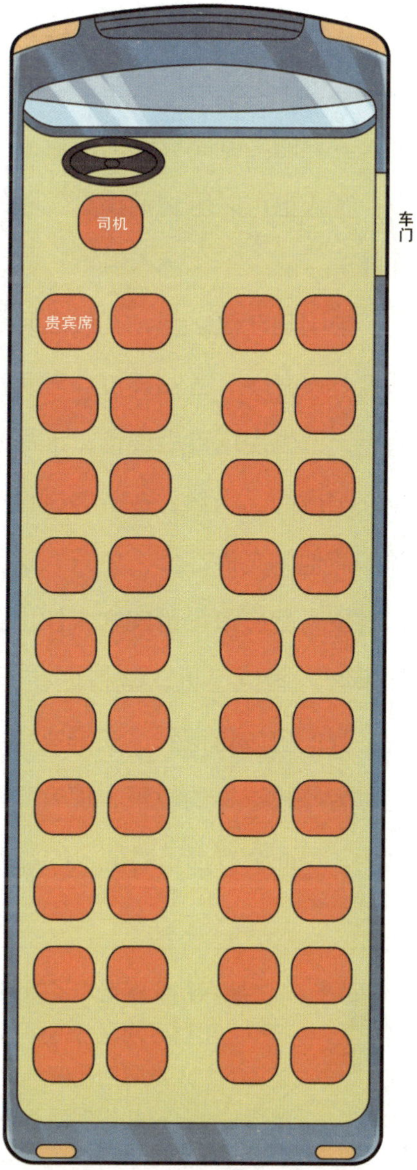

▲（图36）大巴车座位排序

还有一种情形需要注意：如果一个非专职司机开车，带着分别坐在副驾驶和后排座的两个人外出办事，坐在副驾驶位置的这个人中途下车了，坐在后排的人要继续坐车前行，他待在原位不动可以吗？不可以。出于对开车者的尊重，坐在前排的人下车的时候，坐在后排的人应同时下车移到前排副驾驶的位置上去，这是现代人的一种文明。

如果专职司机独自去机场接人，见到客人应主动作自我介绍，除了介绍姓名和单位之外，还要把自己的司机身份告诉对方，这样，客人就可以坐到后排右座上。如果司机不主动介绍自己的司机身份，客人就只能坐到副驾驶的位置上了。当然，即使介绍了自己的司机身份，客人也可以坐到前排副驾驶的位置，这就意味着客人对司机的格外尊重。

中国是礼仪之邦，礼仪之邦的要义是什么呢？用八个字就可以概括：尊卑有序，各归其位。尤其在政务座次中，这个理念体现得非常明显，谁先说话谁后说话，谁居左谁居右，谁在前谁在后，都是以尊卑来归位的。当然，在待客过程中，我们也会发现并不是所有的客人都知道他们应该在什么位置，这或许是因为不懂，或许是因为客气。这时主人就应该尽量向客人作出解释，并把客人请到尊位上。但是，如果客人固执己见，坚持坐在一个不恰当的位置上，主人该怎么做呢？我们应该意识到，安排座次原本就是为了体现对尊者的尊重，凡是尊者坚持选择的位置，那就是最尊贵的位置。过分地拘泥于礼仪的规矩，反而会有损于对他人的尊重。

结语　座次礼仪就是为了体现尊卑有序。座次礼仪纷繁复杂，遵循由左右、前后等为区分的尊卑顺序，是为了体现对尊者的尊重。一旦尊者的个人意愿与礼仪规范产生偏差或者冲突，那顺从尊者的个人意愿会比坚持礼仪规范本身更重要。礼仪在特殊情况下，会有一定的变通性。

第六章 政务宴会礼仪

宴会礼仪是人们在日常生活和工作中最容易忽略的一个单项。中国的酒桌文化和餐饮礼仪源远流长，由于各地风俗不尽相同，因此，这方面的礼仪没有办法也没有必要统一起来，只要把自己的尊重之心得体地表现出来就是最好的礼仪。但是，毋庸讳言，有些民间的敬酒风俗明显带有旧时代的痕迹，甚至是一种陋习。当今公务人员对于宴请，还是应该提倡文明的餐桌礼仪，这是公务人员应有的礼仪水准。

一 餐桌座次的排序方式：现今通行的两种政务宴请模式

餐桌作为政务活动的延伸，从座次排序、就座，到用餐，都有礼仪规范可循，对于公务人员而言，这些礼仪应该表现得轻松自如。

尊卑有序是中华礼仪的重要特征，餐桌的座次排序也同样可以体现出这一点。中国民间不同地域餐桌座次的排序方式各不相同，方桌、长桌和圆桌座次的排序方式各不相同，甚至各地有关尊卑的定义也有不同。由于当今中国的政务宴请大多采用圆桌，因此本书也主要讲述圆桌座次的排序方式。当前，中国政务宴请基本采用两大模式：单主人制宴请和双主人制宴请，二者分别遵循不同的餐桌座次排序方式，我们将分别进行介绍。

单主人制宴请

请看下面图37，主1正对门就座，客1坐在主1的右边，客2坐在主1的左边，主2在右边陪同客1，主3在左边陪同客2。如果主、客人数相等，那么接下来客3和客4又分别就座于主2和主3的旁边。这种排序原则是远门处高于近门处，右侧高于左侧，是单主人制宴请的餐桌座次排序方式。

进入宴会厅，如果只有一个餐椅摆在了正对着门的位置，基本上就可以表明这是单主人制宴请。单主人制宴请是当今中国政务宴请餐桌座次排序的主流方式。除了山东省之外，我国其他绝大部分地区都

▲（图37）单主人制排序

在采用这种方式。

公务人员对上述排序方式一定要了然于胸，按序就座是公务场合的基本准则。但光掌握这种标准排序方式是不够的，还要了解其在特殊情况下的一些特殊排法。

比如，一位下级宴请上级领导，下级应该坐在哪里呢？是图37主1的位置上吗？不是。他应该把上级领导请到主1的位置上就座，自己则应该坐在领导的右边，也就是客1的位置上，其他主客则按照顺序依次排开。

这种特殊排位是提示我们要注意餐桌排序的两大变化：

第一个变化 如果主1的级别高于或者平于客1，则主客无须调位，

但是如果客1的级别高于主1的级别，就要分为两种情况了。

第一种情况，如果客1是主1的上级领导、主管领导，或者是生活中的父母恩师之类的尊者，两者在工作或伦理上有一定的隶属关系，那么这个时候应该是主1客1颠倒位置。如果由下级来接待上级领导，那么下级和上级领导需要就主客位置进行互换。这样的位置互换是不是符合主人请客人的原则呢？或者说这样的排法是不是喧宾夺主呢？不是。在中国传统礼仪中有一个非常重要的概念：上级领导、主管领导或者父母恩师，从传统伦理来讲，本身就比请客的主人更适合做主人。因为两者之间具有隶属关系，所以颠倒位置是完全符合中国礼仪的。此外，不但要互换位置，而且敬酒的顺序也应该调整。比较得体的做法是，宴会开始后，先由坐在客1位置的人致祝酒词，然后请坐在主1位置的尊者来领酒，也就是率先带领大家喝第一杯酒（或三杯）。在尊者领酒完毕后，坐在客1位置上的人才可以向尊者敬酒。（见图38）

▲（图38）单主人制宴请客1级别高于主1的排序情况

第二种情况，如果客1不是主1的上级领导、主管领导或者父母恩师，而只是简单的级别较高的人，两者之间并没有隶属关系，那么主客位置无须互换。判断主1与客1两者之间是否需要互换位置，只需简单地看两者是否有工作或者伦理上的隶属关系即可。

第二个变化 坐在主1对面位置的人，身份发生变化。理论上说，坐在主1对面的人应该是全桌级别最低的一位，但在实际工作中我们都知道，如果领导举办宴请，坐在主1对面位置的人级别不但不是最低的，反而可能是一位非常重要的人物，也许是本单位负责后勤的一位部门领导，像办公室主任，或是秘书部门、服务部门的人，主要负责点菜、服务、结账等，这是具有中国特色的一种排序变化。

有这样一个真实的故事：一个刚刚参加工作没多久的员工，还没来得及接受培训，就去参加了一个公务宴请。由于小伙子没有学过餐桌座次礼仪，一进入宴会厅就在主1的位置坐下来了。领导走过来问道：这是你坐的位置？小伙子羞了个大红脸，知道错了，就又到对面的位置坐下来了。办公室主任又过来问道：这是你坐的位置？这时的小伙子可真是无地自容了，他实在不知道应该往哪儿坐。那么，小伙子到底应该坐在哪里呢？答案是坐在主1对面位置的两侧，也就是说他应该跟随办公室主任进行后勤服务方面的事宜。所以说，建议新入职的年轻人进入宴会厅的时候不妨先站立在一边，看看别人怎么坐，或者询问一下有经验的老同志，方可就座，否则真会闹出尴尬来。

双主人制宴请

请看图39。

▲（图39）双主人制宴请排序

主1正对门就座，客1坐在主1的右边，主2坐在主1的对面，客2坐在主2的右边。在这幅图里，主1和主2相对而坐，他们都是餐桌上的主人，分别叫做主陪和副陪，这就是双主人制排法。使用这种排列模式的主要是当今中国最高级别的宴会——国宴，或者其他高级别的党政机关举办的宴请。

国宴桌上分为两个谈话中心，分别是主1和主2。本着官阶对等的原则，主1陪客1、主2陪客2。如果主客人数相等，那么接下来的排序是：主3坐在客1的右边，主4坐在客2的右边，以此类推。这种排列方式，把中国传统的圆桌礼仪与以右为尊的国际惯例相结合，是中西合璧的结果。

使用双主人制模式的场合，不仅是国宴，中国的山东省也是使用这种排序方式，实际上国宴的排序方式也正是源于这个孔孟之乡。只是山东省的排法略有不同：主1和主2相对而坐，主1的右边和左边分别是客1和客2，主2的右边和左边分别是客3和客4。如果主客人数相等，那么接下来，主3坐在客1的右边，主4坐在客2的左边，以此类推。（见图40）

▲（图40）山东省双主人制宴请排序

双主人制宴请的最大方便之处在于增加了一个谈话中心，比较适合于较大圆桌的官方宴请。进入宴会厅，你要留意餐桌上餐巾的摆放方式，如果只有主1位置的餐巾摆放方式比较特殊，那就是单主人制宴请；如果主1和主2位置的餐巾摆放方式与其他都不相同，那就是双主人制宴请。

如果是超大型圆桌，甚至会使用十字交叉的四主人制排法，这是为了增加谈话中心、活跃餐桌气氛，具体排法，在此就不作介绍了。

餐桌座次排序在中国各地都有不同的排法，随着时代的发展，它还在与时俱进地产生新的排列方式。只有掌握了上述两种最基本宴请模式的餐桌座次排序方式，我们才可以做到举一反三，触类旁通。

二 入座：宴会的开始

宴会入座的一般原则应该是，主人没有邀请时，客人不要自行就座，即使主人邀请就座时，客人最好先谦让一下，请主人先坐，或者与主人同时就座。桌上有诸如领导、长者等尊者新到来时，其他人最好起身致意或者简单欠身。对于比较正式的宴会，尤其是主客身份比较复杂的时候，宴会主办方应摆设桌签以便客人就座。

三 餐巾的三种使用方式

关于餐巾的使用，目前世界通用的方式有三种：第一种，把餐巾掖在衣领里面，自然下垂，这种方式适用于老人、孩子、行动不太方便的人，餐巾可以起到遮挡的作用，但这种方式不适用于政务宴请；第二种，是咱们中国人最常见的，把餐巾的一角压在碟子下方，自然下垂在胸前，这样自然、方便；第三种，是从国际引进的，也是现在很多高级宴请、涉外宴请经常使用的，做法是将餐巾折叠起来，在腿上平铺。

餐巾是用来做什么的？当然是遮挡衣物。餐巾还有另外一个非常重要的功能，就是用来擦嘴。现在的餐桌上可以用来擦嘴的，除了餐巾之外，往往还有湿毛巾和餐巾纸，但建议大家尽量少用餐巾纸和湿毛巾。因为用餐巾纸擦脸，脸上可能会留一些纸屑，使脸看上去有一些白点，别人看见了也不好意思提醒，而湿毛巾往往会用来擦手，擦手后再用来擦嘴，会显得不够体面。对于比较正式的高级宴会，建议大家自己把餐巾平铺到腿上，从前往里简单地折叠一小部分，需要擦嘴时，打开折叠的这一部分拿到嘴边使用，用完后再盖回去。这样既不会污损了衣物，也不会留下擦嘴的痕迹。

一场宴会，是以主人把餐巾拿起来往腿上一铺，作为宴会正式开始的标志的，最后以主人拿起餐巾来简单地一折叠往桌上一搁，作为宴会正式结束的标志。在此过程中，大家要注意，主人还没铺餐巾之前，其他人最好不要先用餐，待主人把餐巾收起来放到桌上之后，其他人就不要再用餐了，否则会让主人感到很尴尬。宴会中间有人暂时离开座位，可以把餐巾搭在椅子上，服务员就会知道这个人还要回来。如果宴会中有人提前退席，把餐巾拿起来简单一折叠放在桌上，服务员便知道这个座位可以收掉了，因为这个人已经离席。用餐过程中，如果需要剔牙，可以用左手托起餐巾遮住嘴部，适当低头用牙签剔牙。

作为公务人员，应该了解餐巾的暗示性语言，这也是大多数人应该遵循的规则。

专家小贴士

各国餐桌趣闻

颇为讲究礼仪的日本人吃汤面时从不掩饰声响，吸溜声往往一声比一声大；在俄罗斯人家里吃饭，敬酒时眼睛一定要直视主人，面包不能剩下，否则会被视为浪费和晦气；在菲律宾，主人不给添菜，客人不能主动夹，否则会被视为不礼貌；埃塞俄比亚人喜欢相互喂饭，人们通常用手抓着带肉汁的饭菜喂给邻座，这听上去似乎不那么美妙。

四 餐具的使用：筷子、中式小碗、转盘、刀和叉

我们再来看看餐具的使用，这是实现餐桌礼仪的基本保证。

筷子

在中国一双筷子几乎可以应对一场宴会，这比起刀叉来要高效、实用得多。在公务宴请的场合，我们要注意的往往不仅仅是放在右手边的这双自用筷，更应该注意搁在自己前面、横着摆放的公用筷或者公用勺。公用筷原是用来给人布菜的，现在多数场合下已经没有给别

人布菜的习惯了，但公用筷仍然会摆放在前方，因为公用筷除了给人布菜用，还可以用来为自己取菜。但是，公用筷在使用过程中一定不要入口。如果宴会上每个人面前都有两副筷子，一副公用筷一副自用筷，就说明这是中餐的分餐制。在这种情况下，不但公用筷不可以入口，而且自用筷也一定不可以伸到公共区域取菜，应该两双筷子分开用，用公用筷取菜，用自用筷吃菜。公用勺也是同样的处理方法。关于筷子的使用禁忌，相信每个中国家庭都会或多或少地对孩子有所教育。比如，筷子不可以直立地插在米饭上，两根筷子不可以一长一短地摆放，筷子不可以交叉摆放等，这是中国人用筷子的禁忌。一旦餐桌上出现这些禁忌，可以视为对他人的冒犯。

中式小碗

中餐餐桌上会有个精致的小碗，是用来盛米饭或盛汤的，这是典型的中式餐具。现在对外交往比较多，我们看到有些外国朋友在用餐的时候是把小碗搁在桌上，用勺子、筷子盛起碗里的食物往嘴里送，这是不符合中餐礼仪的。中式小碗是要端在手里使用的，不管是吃米饭、吃菜还是喝汤，都应该把小碗端在手里，适当地低头、含蓄地进食。

转盘

中式餐桌还有一个转盘，使用时也要注意礼仪。大家都知道，有些朋友在用餐的时候想要转动转盘就转，忽略了旁边还有人正在取菜，这是一种不符合礼仪的做法。（见图41）关于转盘，有三条礼仪：第一，转动转盘之前一定要先看看有没有人正在取菜，如果有人正在取菜，应等对方取完菜再转；第二，一道新的热菜上来之后，第

▲ 图41

一位取完，应把转盘转一格给下一位取菜，下一位取完后再转一格，直到桌上的每一位都取到菜了才可自由转动，否则中间打乱顺序随意转动是不礼貌的行为，当然，也可以由一位主人为大家转动转盘，依次取菜；第三，转动转盘的过程中，如果有人中途取菜，应停下来等待片刻，待其取完后方可继续转动。

刀和叉

在建国初期，周总理就制定了国宴“中餐西吃”的原则。现在

有很多高级宴会庆典也都会使用西式的一些餐具，比如刀、叉。事实上，刀、叉不仅仅是非得用西餐的时候才使用，有很多场合都会用到，我们最好也学会得体地使用刀、叉。中餐有一道美味是烤牛排，上菜的时候服务员会摆放一副独立的刀、叉，如何使用呢？中国人使用刀、叉的机会并不多，但是我相信很多人都知道一个最基本的常识，即左手拿叉，右手拿刀。其实知道这个基本常识也就差不多了，接下来就是如何做得漂亮些，而且不要犯忌讳。刀、叉的使用应做到外松内紧，表面看起来挺轻松的，实际上手还是要适当地用劲，应在谈笑风生中用餐，而不是像在劳动一样机械地切肉。

使用刀、叉，还要注意别犯忌讳，就像咱们中国人不让把筷子直立地插在米饭上一样，我们要尽量避免使用刀、叉的忌讳。

这些忌讳概括起来有五方面。第一，忌切肉时把碟子掀翻。这是由于叉子和刀子之间的距离太远的缘故。最简单的方法就是，叉子叉在哪儿，刀子就从哪儿切下去，刀、叉是作用在同一个缝隙里的。动作幅度再小一些，就不会掀翻碟子了。

第二，忌叉起的食物较大、一口一口咬着吃。叉子应该叉起多大的食物呢？要遵循能一口吃进去的原则。男士的口比较大，可以切得大一点儿，女士可以切得小一些。同样地，在办公室里举办的各种小型庆祝会上，外面买来的蛋糕、烤肠、水果或者曲奇饼之类的点心，应该切成多大块呢？也遵循能一口吃进去的原则。总之，要避免举着叉子一口一口咬着吃的情形出现。

第三，忌刀子入口。有些人会贪图方便，直接用刀子插着食物送入口中，这样不安全，更不美观，应避免出现。

第四，忌刀、叉是否使用完毕的信号不明确。如果一道需要使用刀、叉的菜还没有用完，刀、叉应该摆成一个八字型。如果这道菜已经用完，刀、叉应以平行的方式紧挨在一起摆放。如果刀、叉是否使用完毕的信号不明确，服务员就不知道是否应该收掉这套餐具。

第五，忌刀刃向外。应该注意，不管刀、叉是否使用完毕，刀刃一定要冲向里边，而不要冲向外边。刀刃向外地摆放，让别人看了心里不舒服，这样摆放也不安全。

五 敬酒：基本顺序和从俗原则

宴会上谁应该率先敬第一杯酒？一个基本的原则是，谁坐在1号主人的位置上，就由谁来率先敬酒，或者是领酒。

我们经常看到这样的情况：宴会开始时，主人还没有敬酒，就有客人率先向主人敬酒，或表示祝贺，或表示敬意，或表示感谢，其实这都是喧宾夺主的表现。在宴会上，应由主人率先领酒或敬酒。

前面我们提到，宴请上级领导或父母师长的时候，宴请者应坐在主宾的位置上，而把尊者请到主位就座。在这种情况下，也应该是由坐在主位的尊者率先领酒，而不是由坐在宾位的宴请者率先敬酒。如果是接待上级领导，可以由坐在主宾位置的接待方领导率先致祝酒词，然后再请坐在主人位置的上级领导率先领酒。只有在上级领导领酒结束后，接待方领导才可以敬酒。这就是所谓的尊卑有序。

至于敬酒以几杯为宜，要看具体的场合和当地的风俗，应以适量为宜。一般来说，应以一至三杯为好。这就是礼仪的从俗性。也就是说，礼仪在一般情况下要遵从当地的风俗习惯。

六 为客人布菜的几种方式

敬酒之后便开始用餐，要不要给客人布菜呢？以前我们中国人都有这个习惯，尤其在农村，或者家庭用餐，主人都会为客人布菜。现在中国迈向了世界，本着尊重个人意愿的原则，已经很少有人会给客人布菜了。但是，中华民族保留了热情好客的传统，适当地为客人布菜，仍然值得提倡，尤其是为德高望重的长者和高级领导布菜。

1号主人在为客人布菜时，可以用公用筷或者公用勺适量地给两边的人布菜，先右边，再左边。主人一定要注意观察客人的喜好、客人的食量，并结合主客之间的关系布菜，不要过分热情更不要显得冷漠，要掌握好尺度。布菜的方式，下面三种是最常见的。

第一种，宴会开始，第一道热菜上来，由主人先给客人布菜。作为开宴的标志，只需布第一道菜，后续菜品由客人自行取用即可，这是比较简单的方式。

第二种，宴会中的一道或几道重头菜端上来之后，分别由主人向客人重点介绍，并亲自为客人布菜，这是掀起宴会高潮的方式。

第三种，每上一道热菜，主人都布菜一次，这是比较热情的接待方式。每道菜只需布菜一次即可，第二次布菜没有太大的必要，除非客人胃口非常好。

专家小贴士

绝对禁忌的六种筷子用法

禁止将筷子长短不齐地放在桌子上，否则有“三长两短”的意思；禁止吃饭时一边说话一边用筷子指着人；禁止拿着筷子在菜盘里翻来翻去，好像不知道从哪里下筷好；禁止用餐时用筷子敲击碗盘，过去这是乞丐的做法；禁止夹菜时将菜或菜汁掉到其他菜盘或者桌子上；禁止把筷子插在米饭上，有“给死人上香”的意思。

七 自助餐：取菜的基本顺序——三不混原则

公务宴请并不都是桌餐，有时候会在某个大型活动结束后以自助餐招待来宾，这个时候应该注意自助餐的特有礼仪。请读者朋友们回忆一下，我们以往参加过的庆典活动结束之后，当主持人宣布开始用餐时，你是否记得经常会有这样的情形：几乎所有的人端着盘子，同时奔向了各个餐台，有人先取水果，有人先取汤，有人先取主食，有人先取冷菜……先取什么的都有。自助餐很容易出现这种局面，这样的用餐方式对不对呢?

中国的餐饮文化博大精深，南方、北方的习俗虽然不太一样，但先吃什么、后吃什么都是有礼仪规范的，在自助餐场合仍然如此。一般来说，自助餐应先从三道菜开始取用：冷菜、色拉和汤。这三道菜不一定一次全都取用，但应从这三道菜开始。一上来就取主食或者水果，是不符合自助餐礼仪的。即使会有排队现象，但谈笑风生地排队，本身也是一道亮丽的风景。取完了这三道菜，接下来不是继续取用热菜，而是应该返回座位开始进食，用完之后再取热菜。之所以这么做，是因为自助餐讲究“三不混”原则。

冷菜、热菜不混装

取完了冷菜端回去放在桌上，用完了之后，拿一个新盘子再到公共区域去取热菜。有些朋友说，为什么要用新盘子，现在不都是讲究绿色用餐吗？让餐厅少洗一次盘子多好。这听起来好像挺有道理，但是仔细一想，端着一个已经用过的盘子，到公共区域去取菜，是对别人的一种不尊重，因此要换一个新盘子。自助餐厅的服务人员应该是眼观六路、耳听八方的，只要有人离开座位，他们就应该保证在那人回来的时候，桌上的旧盘子已经清理完毕了。

菜品、主食不混装

南方人爱吃米饭，北方人爱吃面食。在自助餐上，有些朋友会端着一个盘子，取完了菜把米饭扣在上面，或者把馒头、饼扣在上面，这样的做法不够体面。应该是把主食放在独立的菜碟或者小碗里面。

菜品、水果不混装

菜品是正式用餐过程中取用的，水果是用餐的最后一个环节，用完了水果就表示此次用餐结束了，而不是在同一个菜碟里既放菜品又放水果，这样做不体面，而且菜品和水果之间也会串味。菜品和水果应分别取用，多取几次没有关系。要尽量避免一次盛取的食物很杂乱、盘子太满或者盘子太多等情况。当然，有些单位在中午提供自助餐的时候，允许有例外，因为这样的用餐方式等同于食堂用餐。实际上，这种情况下，不必太过讲究，毕竟这不是公务宴请。

自助餐还有个特殊礼仪，就是关注彼此的用餐进度。这是非常容易被忽略的一个细节，因为自助餐不像桌餐，有上菜的先后顺序。在自助餐上，每位用餐者的食量和进餐速度不同，这很容易造成用餐进度大不相同的情况。在陪同领导或贵宾用自助餐的时候，我们应该关注一下用餐的进度，尽量不要出现有人率先用餐完毕后静静地等待他人的情况。

八 庆典宴会：饮酒的注意事项、告辞的顺序

饮酒的注意事项

庆典宴会，是一种比较隆重的用餐场合，除了应遵循一般的宴会礼仪外，还要特别注意以下几个饮酒的注意事项。

先说说盛葡萄酒的杯具，请看以下两幅图。

这两种杯子统称为高脚酒杯，都是盛葡萄酒的酒杯。比较丰满一点的酒杯盛红葡萄酒，比较苗条一点的酒杯盛白葡萄酒或者香槟。庆典宴会或者西式宴会上都会出现这两种酒杯。那么，这两种酒杯应该怎么端呢？

这两种酒杯之所以有这么长的杯柱，除了造型美观之外，还是为了方便持杯。这两种酒杯的端持方式，都应该是捏住杯柱，而不是托住杯肚。（见图42）这是因为红葡萄酒的最佳口感温度在15℃～20℃，而白葡萄酒或香槟的最佳口感温度在0℃～5℃，相当于冰镇。

▲ 图42

不管是红葡萄酒还是白葡萄酒，最佳口感温度都低于我们的体温，如果用手托住杯肚，会把酒捂热了，超出最佳口感温度，葡萄酒就没有那么好喝了。所以，进入高级的宴会厅，在彼此庆祝或者敬酒的时候，不管是红葡萄酒、白葡萄酒还是香槟，其酒杯都应该手捏杯柱。这是一种国际通用的礼仪。

葡萄酒是西式酒，与中式白酒的饮用方式不太一样。葡萄酒，尤其是红葡萄酒需要慢慢地品尝，需要通过晃动酒杯使酒液与氧气充分混合以达到最佳口感，需要通过观察酒的色泽和挂杯情况去品评酒的干度，因此并不适合以一次性干杯的方式来饮用。现在很多中餐宴请也都会喝点儿红葡萄酒，这时，最好不要用干杯的方式去敬酒。其实，红葡萄酒只适合小口小口地品尝。

有些朋友习惯在红葡萄酒中加兑各种饮料，可能是由于不习惯葡萄酒的口感。但是，我们应该了解的一个常识是，葡萄酒的酿造过程就是要把糖分排出，实现葡萄酒纯正的口感，这就是所谓的“干度”。所以说，往葡萄酒里加兑饮料，是一种不伦不类的饮用方式。

需要注意的是，有一种我们平常饮用较多的酒，在正式的高级宴请中不应该出现，那就是啤酒。啤酒属于休闲酒，适宜休闲场合、朋友聚会，但不适宜正式宴请。

告辞的顺序

宴会结束的时候，告辞的顺序是怎样的呢？谁可以先告辞呢？隆重的庆典宴会上，来宾之间并不一定都相互认识，各桌之间可能也并无交流，主要仪式性的内容大多集中在主桌上。但这不意味着谁先用完餐谁就可以随时离开，可以率先告辞的是位于主桌上的主宾。只有主宾告辞后，宴会上的其他人才可以陆续离开。在没有明确的主宾的宴会上，应以主人的率先离去作为宴会结束的主要标志。

九 工作餐三大原则：简单快捷、适度交流、吃相优雅

在日常接待中，最常见的用餐应属工作餐，这主要是指在本单位食堂或者附近餐馆安排的简单快捷的用餐。接待领导或贵宾，固然应该做到热情周到、无微不至，尽显地主之谊，但也应该结合实际情况灵活处理。在工作安排紧凑，用餐条件有限时，安排工作餐接待领导或贵宾也是一种妥当的方式。

工作餐应注意以下三大原则。

第一，简单快捷。工作餐往往都是安排在工作间隙进行，因此不必讲究排场，菜品数量可以适当少些，进餐速度应适当快些，最多四菜一汤，以不饮酒为好。中国正在致力于构建节约型社会，公务人员应该是这方面的倡导者和实践者。过度地铺张、过长的时间，在工作餐场合都是不适宜的。

第二，适度交流。工作餐是政务活动的延伸，是上下级和主宾之间进行交流的机会，因此在用餐时应进行适当的交流和沟通，而不是把重点放在用餐本身上。另外还要注意，不管是工作早餐，还是工作午餐，都离不开工作，因此用餐环境要适当安静一些，人数适当少一些。

第三，吃相优雅。这是用餐时永恒的主题，尤其面对领导或贵宾，公务人员一定要注意吃相，不可以狼吞虎咽，不可以杯盘狼藉。

专家小贴士

古代也有工作餐

我国古代的“工作餐”制度最早可追溯到东周时代，当时楚国宰相子文上朝时总饿肚子，楚成王就命人给他准备点儿熟肉、干粮等，后来就逐渐形成了一种制度。唐代“工作餐”规格最高，仅供应宰相一级的“高干”，据说餐品奢华到这些“高干”不忍心动筷的地步，以至于著名的状元宰相常衮曾经上书请求“减膳”。

十 注意餐桌吃相：提升个人品位

餐桌礼仪的最后一条，也是最重要的一条，就是吃相。吃相优雅与否，关系到一个人的品位甚至尊严。我们或许都有这样的经历，在宴请中，如果有一位朋友大声地喝汤，或是咀嚼时发出声音，在座的几乎所有人都会皱眉，甚至有人会提前离席，原因仅仅是这个人的吃相让他无法忍受。

我们中国人比较好面子，往往不会当众向这样的人明确指出他的不当之处。然而，没有人指出，绝不意味着这样的做法就是对的。公务人员关注自己餐桌前的表现，要从关注吃相开始。接下来我们重点说说餐桌上关于吃相的各种礼仪。

咀嚼食物一定要闭嘴，不要发出声音，即“吧唧嘴”

宴会桌上如果有人在吧唧嘴，会严重影响别人用餐的兴致和心情。只要食物送进嘴里咀嚼就要闭着嘴。有些朋友说，我虽然张着嘴咀嚼，但没有发出声音，这样可以吗？不可以。因为张着嘴咀嚼会露出嘴里的食物，这样很不好看。尤其是女士，咀嚼速度要适当慢些，咀嚼幅度要适当小些。

餐后有些朋友为了清除口腔异味，喜欢吃口香糖，这没有什么不妥，但一定要闭嘴咀嚼，并且不可出声。我们在外出旅行的时候，经常看到有人一块口香糖能嚼上三个小时，这会引起周围人的反感。一块口香糖咀嚼的时间不要太长，用完后吐在餐巾纸里包起来，扔到垃圾桶里。

喝汤一定不要出声

不仅是喝汤，包括喝茶、喝水、喝饮料、喝酒，也一定不要出声。英语里的汤叫soup，喝汤怎么说？叫eat soup，是“吃汤”的概念，这是一种国际礼仪。喝汤不是吸溜进嘴里的，不可以发出声音。大家回忆一下，在我们以往参加的宴会上，是不是有人趴在桌上旁若无人地大声喝汤呢？这样的人会给人留下好印象吗？恐怕不会。冬天的时候，有些朋友一进入办公室就会泡上一杯茶，然后大声地吸溜着喝茶，这会令其他人感到不快，当然也是不体面的做法。除非在茶室里品味茶道，否则喝茶时一定不要出声。

不可以下咽的食物，一定不要入口

西方人为图方便，正餐中一般不吃带刺的鱼或带碎骨的食物，而中国人比较讲究味道，餐桌上带皮的、带毛的、带刺的、带骨头的都有，也有的是原生态地端上来的。这样做味道当然很好，但是对食用技巧的要求也就比较高。像骨头之类不可下咽的残余物，应该先用筷子剔除，再把可食用的部分送入口中，一定不要把整个骨头全部塞入口中再往外摘。当然，鱼刺可以例外。如果不小心把实在不能吃的东西吃到嘴里去了，这个时候该怎么做？最好的做法是：用一张餐巾纸接住吐出的东西，低调、含蓄地把它处理掉，一定不要当众从嘴里扯出来，直接放到眼前的盘子里。

要保持桌面的干净，先保持公共盘里干净

公共区域里的菜品，一般是要讲究色香味形俱全的，以给用餐者美的享受，因此，我们不要急于破坏其造型和色彩，更不可以搅得乱七八糟。我们还要保持取菜过程中桌面的干净，如果担心中途滴汤，可以适当地用碗来接一下。此外，要保持自己眼前的小碟里干净。用餐过程中的残余物应该搁到小碟里还是其下面的大盘里？当然应该搁到小碟里。因为小碟需要经常换，而大盘一般不换。有些朋友口味比较重，喜欢往食物里加辣椒、酱油及各种各样的调料，把自己的小碟搞得乱七八糟。这样不好，干干净净的桌面才好。

用餐过程中要谈笑风生，保持轻松愉快的气氛

有些朋友在比较饥饿的时候，会始终把注意力放在眼前的饭菜上，不交流、不停顿，这是一种不体面的行为。有些朋友比较敬业，会把工作带到餐桌上来。在工作餐中谈工作当然可以，但正式的宴请

上，最好避免不停地谈论工作。一次高级的公务宴请，如果话题始终停留在繁杂的工作上，那就失去了轻松的气氛。如果一定要谈工作的话题，可以等用餐到七八成饱之后进行。

注意餐桌忌讳

关于餐桌的忌讳有很多，在用餐过程中一定要注意。比如，为别人添米饭，不可以说："你要饭吗？"应该说："你要添饭吗？"再如，夹起的菜通常要先放在自己的小碟或小饭碗中，直接把菜放入口里是不礼貌的，又如倒酒和盛汤时，要向内倾倒，避免向外倾倒，等等。

用餐时要注意体态

我们或许都曾见过这样的情景，当餐桌上摆上了汤的时候，有些人会把椅子往后一挪，撅着屁股趴在桌子上喝汤，这可是不体面的。参加正式宴请的时候，应该尽量直着身子就座，先把菜取到眼前的小碟里，低头送入口中，然后再把身体坐直。胳膊肘放在桌上也不好看，会显得很慵懒。即使你再喜欢一道菜，也不要连筷，一筷子接一筷子地吃，这样有失体面。

以前听说过一个笑话，有一位老汉进城吃了一顿饭，回去就跟乡亲们开始炫耀，城里吃饭可好了，服务员漂亮，餐具漂亮，菜也好吃，就是有一点不好，最后一道菜味道有点儿差。乡亲们赶快就问，最后一道菜是什么呀？老汉说，我也不知道，这最后一道菜是用一个小碟盛了一些小木棍就端上来了，我看每个人都取了一个，我就也取了一个。我当时很奇怪，这个小木棍也可以吃？但还真是很多人都拿起来吃。我想别人能吃，我也吃吧，于是就想看看他们是怎么吃的，但是他们都不让我看，全都用手挡着，那我也就这么吃吧，就把这个小木棍吃下去了。除了这道菜味道不怎么样，其他都不错。

当然这是一个笑话。我们都知道小木棍指的是牙签，使用牙签一定要用手挡着。虽然几乎所有的人都知道这一种礼仪，但是在餐馆门口，在正式的宴会厅门口，我们还是会经常看到有些人一边走路一边剔着牙就出来了，这对公务人员的形象是极大的损害。

我们用了这么长的篇幅专门来讲餐桌上的礼仪，尤其在吃相上讲这么多，是因为当今全世界范围内，人们一般都会根据一个人吃相的优雅程度来品评其个人品位。吃相展现了一个人的总体形象，能反映出一个人的个人修养。做到吃相优雅是在表达对别人的尊重。

专家小贴士

外交餐桌趣闻

"二战"时，英国首相丘吉尔曾经宴请苏联领袖斯大林，斯大林对着餐桌上的整套刀、叉十分无奈，不得不向丘吉尔"低头"，请教刀、叉的用法；驻俄罗斯的外交官酒量必须过关，否则很容易被俄罗斯人喜爱的烈性酒伏特加打败；据说斯大林最爱以水代酒，观看宾客的醉态，最后还得到了"千杯不醉"的美誉；最为有苦说不出的大概就是英国女王了，她曾在出访时硬着头皮啃老鼠干和蝙蝠干，回去后对身边的人说："这些都是该国引以为傲的美食，我们绝不能表现出丝毫的反感。"

结语　如果说一个人的总体礼仪水准是由各个细节组成的，那么这些细节的单项分值不是相加起来的，而是相乘起来的。也就是说，有任何一个细节出现了单项零分，那总体礼仪水准也就是零分。餐桌礼仪是人们在日常生活和工作中最容易忽略的一个单项，因此我们更应该予以关注。

第七章

办公礼仪

办公室是公务人员的工作场所，也是他们停留时间最长的地方，最能够体现一名公务人员的礼仪风范、个人魅力，以及工作水准。在办公室里，公务人员的一切行为都应该有礼有节，不管做什么，都要掌握合适的尺度。

一 办公室的环境：卫生、文明、高效、庄重

在办公室工作，我们要遵循以下四大原则。

环境整洁卫生

办公室是工作的地方，一定要注意时刻保持环境整洁卫生，不仅要打扫，还要刻意去维持清洁。大多数机关单位都有一项老传统，早晨上班前要擦桌子、扫地、拖地板，甚至还要擦玻璃，这些体力活儿年轻人应该多做一些，最好适当地早到一会儿，将办公室打扫干净。这也体现了年轻人尊重老同志的优良传统。

办公室里不要过多地摆放私人物品，适当地摆盆花，摆张照片，这些都是可以的。但私人物品，如鞋子、衣服或者个人卫生用品应该收在柜子里。同时，办公室里一般不允许吸烟，需要吸烟时应在吸烟区或室外进行。

举止文明礼貌

文明礼貌是对公务人员的基本要求，公务人员在办公室里应注意

以下几条礼仪细节。

第一，不要大声说话，隔屋叫人。有些人的嗓门比较大，容易喧哗，有的人习惯隔着屋子叫人，或是在走廊里大呼小叫，这些都是不礼貌的行为。接打电话或是谈论事情，也要放低声音，如果别人都在工作，接打电话最好用手遮住话筒，这样既不影响别人，又可以提高通话的音量。

第二，不要长时间占用办公设备。电话、复印机、电脑、传真机等都是众人共同使用的办公设备，除非工作确实需要，否则不应该长时间占用。办公室里应该形成一种相互体谅，多为别人着想的工作氛围，公用设备应尽快用完后留给别人。公务人员最忌讳的是“煲电话粥”，拿着电话说个不停。如遇重大谈判或合作细节问题，要尽量当面会谈或者以文字形式进行交流，这既是为保密，也是因为电话交流很容易遭到对方的拒绝或者误解。

第三，不要在办公室里吃零食。公务人员的办公室，应体现庄重和整洁，因此不要在办公室里用餐，更不要在办公室里摆放一些有异味的食品。窗口工作人员要禁止当着来客的面吃零食。

第四，不要态度蛮横。对待来人、来客，要以礼相待，不可表现得傲慢、冷漠，或者给人一种爱搭不理的感觉。不管是接待来客、领导，还是接待下级，都要起身相迎，起身相送。与人说话的时候，眼睛要看着对方，态度要温和一些，语言要客气一些。

工作有序高效

保证工作顺利完成，是公务人员的第一要务。因此，公务人员应做到以下四点。

第一，遵守时间。不管是汇报工作，还是正常上班，或是开会、会客，都要遵守时间，这是公务人员最基本的素养。

第二，办公室里不要多谈私事，不要闲聊天，不要玩游戏，尽量少会私人朋友。

第三，坚持保密制度。不该知道的不要去问，不该说的一定不要说，如果权限不够一定不要翻看别人办公桌上的公文、信函、签报等。

第四，收发文件及时准确。该是谁的信，一定要及时转交，传达信息尽量迅速有效；替别人做的电话记录，一定要及时地放到对方桌上去。

气氛和谐融洽

与上级交往的主题词是“尊重”：进入领导房间，要事先敲门或者事先打电话，进屋要打招呼，出屋要告辞。与下级交往的主题词是“体恤”：要理解下级的难处，多为下级着想，年长者要主动关心年轻人。与同事交往的主题词是“友爱”：相互帮助、团结一致、彼此关心，你做不了的事我帮你做，你需要我做的事我主动帮你承担，生活当中的难事，工作当中的难事，主动为对方提供一些帮助。与异性交往的主题词是“有度”：办公室里男士女士之间是同事关系，男士对女士应该适当地多些关照，但要有度，不要过分亲密，更不可以打情骂俏。

二 公文礼仪：规范、准确、保密

我们有时在公务机关会看到一些公告和通知词不达意，表述混乱，或者下级向上级提交的报告字迹不清，逻辑混乱，这都是不符合公文礼仪的表现。公文礼仪主要包括规范、准确、保密三个方面。

公文的撰写一定要语言规范

公务机关对各种公文的定义很明确，比如，什么叫请示、什么叫申请，还有什么叫报告、汇报、抄送、抄报、批复，等等，都不能出错。公务人员在入职之前要统一接受这方面的培训。

公文的内容一定要表达准确

模棱两可的、有可能引起歧义的用词一定要避免。不管是否有专门部门进行把关和审核，公文的起草者都应该是第一道关口的把关人。因为公文在一定程度上代表了机关的形象。

公文的交接一定要安全保密

会议内容不准记录的就不能记录，文件传阅不能超出要求的范围，保密原则是中国公务人员最基本的工作守则。

三、打电话和发短信都有“礼”可循

电话是公务机关最重要的沟通工具之一，接打电话的不少细节都是有礼仪可循的。

接听电话的问候语

公务机关对社会公开的电话号码，应视为窗口电话，接听电话时应先礼貌地说声“你好”，再报出机关的名称，然后再询问对方有何事宜。这样不但省去了对方确认的时间，也表达了公务机关谦逊与平和的态度。

拨打电话的时间

工作电话最好在上班时间拨打，但像星期一早晨刚上班、星期五傍晚下班之前，或者午饭前后最好不要在电话里谈重要的事情，因为这段时间可能是工作最忙乱的时候，这时拨打的电话往往得不到满意的答复。当然，紧急的事情除外。

工作时间拨打对方电话的顺序

工作时间拨打电话，最好先尝试拨打对方的座机，只有在确定对方不在办公室的时候才可以拨打对方的手机。因为手机毕竟属于个人用品，而办公时间当然首选拨打办公电话。

几次拨打对方办公电话、手机无人接听时，应补发短信说明事由，而不是简单地请对方速回电话。利用手机发短信的最大好处在于对对方的“零打扰”，在对方方便查看手机的时候，不但可以知道未接电话来自何人，还可以凭借短信内容决定是否予以回复。特别是对待工作繁忙的贵宾和领导，应尊重他们是否马上回复的自由。

电话掉线后，应由位低者主动回拨

在通话过程中，由于电话线路问题或者其他原因导致通话中断的，应由位低者主动拨打电话再次连接。不管是哪一方主动拨打的电话，也不管是什么原因导致的通话中断，位低者都应主动回拨电话，这是对位高者的基本尊重。

重要会议或会客场合，手机应调成无声状态

在参加重要会议、正式会客或者听讲座的时候，手机应调成无声状态。公务人员由于公务在身，在这些重要场合不一定非得关掉手机，但至少应该将手机调成无声状态，以免电话铃声对别人造成

打扰。对于一定要接的重要电话，也不一定非得走出会场接听，可以用手适当遮挡住手机，低声通话。

你或许曾见过这样的情景：有些朋友在会场接听手机时，觉得不太好意思，于是弯腰躲在会议桌底下说话。这虽然是出于自律之心，但其实大可不必如此，只需遮住话筒小声接听即可。

发短信的礼仪

只要不确定对方手机号码簿里是否保存了自己的号码，给对方发短信时就一定要署名；给上级领导、高级贵宾和长者发短信，不管对方是否储存了自己的手机号码，每条短信都应前带称呼、后带落款。其实，发短信也像正常交谈一样，开口要有尊称，前面要有问候，结尾要有祝愿，最后要有署名，这才是周到的礼仪。

专家小贴士

奥巴马“电话外交”中的亲疏远近

2008年11月5日，美国第44任总统奥巴马当选后，开始了一连串的“电话外交”，通过打电话的先后顺序来显示美国对其他国家的“亲疏远近”。11月6日，奥巴马给澳大利亚总理、加拿大总理、法国总统、德国总理、以色列总理、日本首相、墨西哥总统、韩国总统和英国首相打了电话；7日，给埃及总统、巴勒斯坦总统、波兰总统、意大利总理、沙特阿拉伯国王和西班牙总理打了电话；8日，中国国家主席和俄罗斯总统致电奥巴马。奥巴马“电话外交”的排序让一些国家感到不快，反应最激烈的是印度，因为直到11月12日，奥巴马才给印度总理辛格致电。

四 收发电子邮件礼仪：内容全面、规范，及时回复

公务机关的网络，一般都有外网和内网之分，这是出于网络安全的考虑。在正常办公时间应该使用内网，否则可能会造成严重的泄密。对内外网络的使用规范，应该提到安全保密的高度来看待。

在使用网络的时候，我们经常会做一件事，那就是收发邮件。收发电子邮件有相应的礼仪，我们一定要知道并重视起来。

发电子邮件的礼仪

第一，发电子邮件一定要加主题，这是对别人的一种尊重。第二，发电子邮件一定要有正文。我们经常会收到一些邮件，完全没有正文，只有一个附件，发这样的邮件是不礼貌的。应该在正文里前带称呼，后带落款。第三，邮件正文不要全部都使用黑体字，或者全部都使用下划线，或者全部都使用斜体字。这些标志都是用来强调或者增强语气的，全部使用即可理解为在冲着收件人大声喊叫。

收电子邮件的礼仪

第一，及时回复。收到重要的电子邮件，需要即刻回复；收到一般性的电子邮件，最好不要超过两个小时回复。这是对发件人的一种尊重。第二，回复要有针对性。回复提问的电子邮件，答案要有针对性，可进行必要阐述，以便对方一次性理解，避免反复发送邮件，浪费资源。

五 办公室的五大禁忌

当今社会推行的是依法治国，但公务人员个人的行政水准仍然主导着官方的行政水准，公务人员的个人修养仍然对社会起着至关重要的示范作用。因此，公务人员应要求自己具有更高的社会道德和个人品质。作为公务人员，办公室应注意以下五大禁忌。

切忌夸夸其谈

有些人喜欢当众显摆自己各种各样的能力，说一些不切实际的话题，这样的人至少在我们中国是不受欢迎的，因为中国人还是喜欢自谦、内敛、含蓄以及低调的人。尤其是窗口单位的工作人员，切忌当着客人的面与同事高谈阔论。

切忌个人意识过强

有些人做事不是从工作角度来看应不应该办，而是从个人角度来看应不应该办，这就过分强调了个人意识。公务人员的工作原则性很强，制度性很强，个人意识应服从大局意识。

切忌不守时间

约定的时间不能够遵守，而且总是有各种各样的理由来做解释，这样的公务人员会给人以不可信之感。遵时守信是有素养的公务人员的基本底线。

切忌打探隐私

办公室里主要的人际关系是同事关系，要与同事保持一定的距离。随着社会文明的发展，越来越多的人开始保护个人隐私，所以出于礼貌，尽量不要打探别人的隐私。

切忌议论他人

捕风捉影地议论领导，议论同事，热衷于谈论家长里短……这是现代文明人所不齿的行为，更不能在公务人员身上出现。

结语　办公室是公务人员的工作场所，也是社会的缩影，它伴随着我们的工作、学习以及人生的喜怒哀乐。在这里可以自由些，但不能太任性；可以宽松些，但不能太无所顾忌；可以追求个性，但更要服从大局。一切都要掌握合适的尺度。

第八章

人际沟通礼仪

人具有社会属性，凡是人都需要与他人交流。只有具备良好的沟通能力，才可以真正融入社会，享受人际交流带来的快乐。对于公务人员来说，则更需要掌握人际沟通礼仪，因为礼仪绝不是单独存在的，而是要配合恰当的沟通行为，才能完美地展现出来，达到尽善尽美的效果。一个不懂得沟通的公务人员绝不是合格的公务人员，也不可能真正掌握政务礼仪的精髓。

一 拿出真诚的态度来

公务人员在与人交流过程中，首先要具备良好的心态及诚意，要本着换位思考的原则，多从对方的角度想问题。这样，公务人员就自然而然地会选择这样的做法：多点儿尊重，多点儿谦恭，多点儿赞美。英国礼仪专家约翰·洛克曾经说过："离开了真诚，一切礼仪都将是傲慢的、虚伪的。"所以，礼仪不应该是虚伪的谦恭和礼节性的微笑，而应该体现在发自内心的、真诚的态度上。要知道，真诚的态度是良好沟通的基础，它一定能助你成就最完美的礼仪行为。

1.具有沟通意识的礼仪才可能成为完美的礼仪

一位公务人员要想表现得体，并不是把这些礼仪原原本本地展现出来那么简单，也不是礼仪越多越好，而是更应关注对方是否完全明白自己的这份尊重之心。我们经常听到有些人这样抱怨：我是按照礼仪的要求去做的，可对方却不懂礼仪。比如，陪同客人下楼梯，为了保障他的安全我走在了前面，可是对方以为我在抢先反而生气；再如，一个无人值守的电梯，我率先进入为对方按住开门键，可是对方却觉得我不礼貌。之所以出现这样的情况，是因为你的礼仪没有被对方理解。怎样才能让对方完全读懂你的礼仪呢？实际上，现实生活中并不是单靠礼仪就可以完全表达自己，行使礼仪的过程一定要配合以人际沟通。人和人之间是需要交流的，在交流的过程中表现的礼仪，才更可能既表现出对别人的尊重，又让对方感受得到，这样才是全方位的礼仪实现过程。这种人际沟通，并不一定非得通过语言来实现，可以通过一个简单的肢体动作，还可以通过一个简单的眼神，甚至可以通过一言不发的倾听。

这种沟通需要一定的知识和技巧，也需要换位思考去理解对方的心思。让我们来看看刚才的那些抱怨，为了不使客人误解你的好意，在引领客人下楼梯时，你只需微笑着用手指一指脚下的楼梯，客人就自然明白你走在前面是为了他的安全。进入电梯后除了按住开门键，你还可以腾出另外一只手放在电梯门上，作出防止电梯门关上的姿势，客人就自然明白你先进入电梯是为了防止他被电梯门夹住。你看，这就是礼仪之外的沟通，这样就可以使礼仪全方位地实现了。

2.人际沟通先从赞美开始

人际交流过程中，除了要保持适当的谦恭之外，还要学会适当地赞美别人。实际上，喜欢被别人接受，被别人赞赏，这是人之常情。交流的一方在得到对方的认可之后，会迅速拉近与对方的心理距离，交流的气氛会变得很融洽。因此，要想成就完美的交流和沟通，就要善于发现对方身上的闪光点，然后发自内心地去赞美对方，或者说，人际沟通要先从赞美开始。赞美不是讨好，更不是屈就，而是表达一种尊重之心。只有尊重别人，才会得到别人的尊重。

人际沟通要遵循3A原则。3A是指三个“A”打头的英文单词的组合，分别是Accept（接受），Appreciate（欣赏）和Admire（赞美）。人际交流过程中，要把3A原则作为一种习惯，甚至要把它当成是自己的常规心态。

第一个A：Accept（接受）

每个人都有自己的个性，每个人的常规思维和习惯做法都会有所不同。只有这些各自不同的人组成的社会才是绚丽多彩的社会。因此，我们不能希望别人都和自己一样，更不能强求别人和自己一样。相反，我们应该主动地去接受这种不同，去接受对方的特点。对于别人身上与自己不同的特质，如审美观、价值观甚至世界观，只要不是太过分，就不要过多地挑剔和苛求，更不能以我为中心去排斥自己不喜欢的人，而是要真诚地接受对方与自己的不同之处。当然，接受不意味着认可对方的做法和观点，而是接受对方与自己不同的这个事实。这就是古语所说的“君子和而不同”的境界。尤其是对于广泛接触社会的公务人员，面对大众，在履行自己工作职责的时候，不要过多地把个人情感掺杂进来。毕竟，宽容是一种美德。

第二个A：Appreciate（欣赏）

孩子的功课不错，父母要予以夸奖；别人为我们做了一件事，我们要表达感谢之情；下属的工作很尽心，领导要予以表扬。要让别人在我们面前总是受到鼓励，要让别人为我们做的任何一件事，哪怕是微不足道的事都会得到感谢，要让别人在心情不畅的时候会想到找我们聊天。懂得欣赏对方的人，总会得到对方的欣赏，这样的人走到哪里都会受欢迎。

第三个A：Admire（赞美）

如果说欣赏是别人示好在先，我们回应在后，那么赞美就是主动的示好行为。每个人都有自己的优点，都有值得别人赞美之处，这是客观事实，我们必须承认这一点。我们要学会并且习惯发现对方身上的亮点，让彼此的交流从真诚地赞美开始，这样做有利于营造良好的沟通氛围。

有位大学生去向一位心理学家请教与女朋友第一次约会的技巧，心理学家的回答是：如果你与女朋友交谈都已经超过十句话了，而其中连一句赞美的话都没有，那你大概就不会赢得她的芳心了。有些人苦于交谈没有话题，其实发自内心的赞美就是最好的话题；有些人苦于无法消除与朋友之间的隔阂，其实真诚的赞美就是消除隔阂最好的开始。

喜欢被别人赞美，期待被别人接受，这是人之常情。戴尔·卡耐基把这归为人性的弱点，其实这也恰恰可以归为人性的优点：期望得到对方的好感与赞同，这才是具有真情实感的人，才是有血有肉的人。

专家小贴士

美国著名心理学家马斯洛在其著作《人类激励理论》中，曾经由低到高，将人的需求分为五种：生理需求、安全需求、社交需求、尊重需求、自我实现需求。马斯洛指出，当人的一种需求得到满足后，另一种更高层次的需求就会占据主导地位。如果想激励某个人，就必须了解此人目前所处的需求层次。比如，想获得一个饥肠辘辘的人的好感，给他几个馒头比赞美他英俊潇洒、玉树临风要管用得多。

3.表情：看着对方的眼睛说话

高水平的交谈，并不在于说多少话，而在于是否真正形成了内心的沟通。我们的表情是会传情达意的，尤其是我们的眼睛，是会说话的。与别人说话的时候，一定要看着对方的眼睛，看着别处是不礼貌的做法，也无法真正理解对方话语的全部含义。眼睛里的神采随着交流的气氛对话题自然地做出回应，是对对方说话的鼓励，会令对方兴致大增，而麻木、漠然的表情会令对方感到索然无味。赞同对方的话语，要适当地点点头；说到高兴之处，应自然微笑；说到伤心的事情，要表现出同情的眼神。总之，交谈过程中，一定要以真实自然的表情表达自己的真情实感，而对对方的话语一定要给予回应。中国人性格含蓄内敛，有些人会刻意地掩饰自己的真实情感，这没什么不对，但含蓄不是面无表情，更不是麻木、漠然。很显然，面带表情的谈话者更容易与人进行良好的内心沟通。

4.倾听：比直接说话表达得更多

交谈过程中，绝不是话越多越能表达自己，倾听有时比表达更为重要。交谈的最终目的是彼此沟通，只有认真听懂对方所要表达的内容，自己的表达才有意义。

有人这样评价心理咨询师，说他们是世界上赚钱最容易的人，因为他们只需与人聊天就可以赚到钱。而心理咨询师却说，实际情况恐怕要更容易些，我们只需静静地倾听就可以了，很多时候我们是连说话都不必的。人们烦闷时、失意时，总想找个人聊聊天，对他来说，他就是想把一肚子话说出来，可能并不指望得到你的建议。这个时候，最合适的聊天者就是一个倾听者。

当然，倾听绝不是一言不发，而是在对方说话过程中，适当地插句话表示赞同，或者追问细节，这会令对方感到自己受到了关注和尊重。有时候，我们在没有完全了解对方的想法之前最好不要急于表态，充分了解了对方的想法再去表态，会令我们的话更有实际意义。一个好的谈话者首先要是一个好的倾听者。

5.适度谦恭透露出的是高贵

中国人一直尊崇的为人原则是温良恭俭让，是具有适度的谦虚和恭敬之心。过分狂傲和张扬的性格不会给人留下好的印象。其实，本书所讲述的礼仪内容，无一不是在讲如何把自己对别人的尊重外在地表现出来，无一不是在讲面对贵宾和领导要表现出适度的谦恭。或许有人会问，这些谦恭的做法，会不会使得我们失去了高贵，失去了自尊呢？我想用一个假设的情景来回答这个问题。

比如，我们去拜访领导，按照礼仪的要求，我们应该在见到领导后主动做自我介绍，主动双手奉上自己的名片，主动坐到背对正门的会议桌那边，把文件正面朝向对方递交过去，公文包放在脚边，谈话过程中看着对方的眼睛，身体适当前倾，等等。总之，在整个拜访过程中，我们已经按照礼仪要求把对对方的尊重都表现出来了，而领导也一定明白了我们对他的尊重之心。于是我们的心态就会很自然，很平和，也很从容，这便是高贵。相反，如果拜访领导时的心态不是谦恭而是狂傲，那很可能是自卑心理在作怪，这时我们的心态就不会平和，更不会从容。从心理学角度来看，极度自卑的人往往会表现得极度自大，而高度自信的人却会表现得谦虚谨慎。

以适度的谦恭之心对待他人，不但没有失去自尊，反而收获了高贵。这也是文明的标志。我们要记住，有一种高贵叫文明，有一种财富叫精神。

二 规范和美化自己的语言

在中国传统思维模式中，一直有“巧言令色，鲜矣仁”的观点，这主要是针对那些别有用心、工于心计的人而言的，绝不是说能说会道、能言善辩有什么不好。实际上，对于公务人员来说，提高语言技巧，增强表达能力是干好本职工作的重要指标。

我们的语言技巧可能掌握得不多，也可能永远无法达到语言大师的水准，但让自己的语言美化一些，一定可以做到。不让自己的语言带脏字，不说那些惹人不快的话语，慎重说出自己的每一次承诺，这样的人比单纯地追求语言技巧的人更值得尊重。

1.六种简单的客气语：既是客套也是文化

尊重是相互的。我们尊重别人，别人也会尊重我们。对待别人的尊重，我们要以更尊重的方式予以回应，这就是所谓的“礼尚往来”。尤其是经常挂在嘴边的一些客气语，怎样回应得更得体，是有学问和技巧的。比如，别人对我们说“你好”，我们怎么回应呢？当然是同样回复一声“你好”，仅简单地回应一“好”，显然是不够礼貌的。再如，别人对我们说“谢谢”，我们就回应一声“不客气”吗？事实上，我们还可以回答得更得体，我们可以说：“您太客气了。”

这就是关于客气语的学问。客气语在古代包括敬语、谦语、雅语等，现代社会中人们已经做了自然的简化，客气语不必过度文言化。现代人也有现代人的规则，尤其是代表官方的国家公务人员，客气语如何表述也是有礼仪可循的。接下来，我们简单地介绍六句最常见的客气语。

如何回应别人的欢迎

在高级的接待场合，贵宾都会受到热情欢迎和周到接待，这就是礼遇，是对贵宾的尊重。普通人走进高级的服务场所，礼仪小姐的鞠躬、问候、开门、引领，也都属于礼遇。那么，需不需要对服务人员的高级礼遇进行回应呢？有些人或许会这样想：我是领导，你就应该为我服务；或者我是消费者，你的服务是我花钱买来的。这样的理解从功利角度来看，可能没有什么不对，但人和人之间的第一关系绝不是功利关系，而是人文关系。人文关系意味着人人平等，彼此尊重，维护彼此的尊严。从这样一个角度来看，即使是上级领导，即使是消费者，也应该尊重提供服务的人员。这不是在唱高调，而是真实地表现了人的思想境界，是一种人文精神。

我们曾经看到有些高级官员对服务人员颐指气使，很多消费者对礼宾人员的热情礼遇不理不睬，他们或许以为这种高高在上的感觉就是高贵。其实，这是只高不贵的做法，真正的高贵是对人的尊重。因此，面对礼宾人员、引领员、门卫，如果有充分的时间，应向他们问声“你好”，或者说声“谢谢”，如果没有充分的时间，那也至少应该回之以微笑，点头致意。

如何回应别人的一声道谢

面对别人的一声“谢谢”，不少人会不假思索地回复一声“不客气”，或者“不用谢”。这样的回应是否得体呢？我们来看一个案例。一位学者到学校去进行公益性演讲，演讲完毕之后，这位学者对学生们说了一声“谢谢”，现场的学生们齐声说了一句“不客气”。这位学者就来问我：你说，学生们的回应到底符合不符合礼仪？我对他的回答是，如果这是从学生们嘴里说出来的，你应该原谅他们，因为他们从小到大都接受这样的教育：别人说声“谢谢”，就回复一声“不客气”。可是，如果是学校领导或者老师说了这句话，那就不符合礼仪了。

其实，如何回应别人的一声“谢谢”，要看具体的人物关系。我们分别从四种人物关系来看：

第一，下级对上级的一声“谢谢”该怎么回答呢？

比如，下属把一份方案交给领导，领导看后很满意，对下属说了一声“谢谢”，下属该怎么回答呢？这时，最好的回答应该是“这是我应该做的”，或者简而言之“应该的”，或者“这是我分内的事”，或者“这是我的工作”。语言的措辞可以各种各样，但表达的意思一定要是“这是我应该做的”。

第二，上级对下级的一声“谢谢”该怎么回答呢？

比如，领导对下属的工作进行了褒奖，下属对领导说了一声“谢谢”，领导该怎么回答呢？最好的回答应该是“继续努力！”或者“这是你应该得到的！”在这种温情脉脉的居高临下的言语中，始终包含着两个关键词：欣赏与勉励。

第三，平等双方中一方对另外一方施以单方向的恩惠，恩惠的受益者说声“谢谢”，恩惠的施与者该怎么回答呢？

比如，有人在路边摔倒了，你把他扶起来，他对你说了声“谢谢”，你该怎么回答呢？这时，最好的回答应该就是那些最常见的礼貌用语——“不客气”，“不用谢”，或者“没关系”。

第四，平等双方中彼此都具有相互的恩惠，一方说了声“谢谢”，另一方该怎么回答呢？

比如，商品推销者成功地把一件商品推销给一位顾客，顾客在拿到商品后对推销者说了声“谢谢”，推销者该怎么回答呢？很明显，在这个交易过程中，双方都是受益者，他们之间的恩惠是相互的，因此推销者最好的回答自然就是“也谢谢您”，或者“我应该谢谢您才对”。再比如，大夫给病人看完病，谁应该向谁说一声“谢谢”？病人当然应该感谢大夫，大夫也应该感谢病人，大夫最好的回复应该就是“祝你早日康复”。

如何回应别人的赞美

当我们受到别人赞美的时候，该如何回应呢？坦然接受还是说声“谢谢”呢？我们先要分清赞美的深度再回答，对于深度赞美和一般性赞美的回答是不一样的。

美国前任劳工部部长是位华人女士，叫赵小兰，有一次接受中央电视台的采访，记者用英文问道：您是很多海外华人的偶像，海外华人都为您能够达到今天的高度感到骄傲和自豪，您到中国来有什么感想？面对这样的赞美之辞，赵小兰的回答不是简单地说声“谢谢”，而是用中文说了一句“不敢当”。节目播出之后，很多人对赵小兰赞赏有加，恰恰是因为这一句谦逊的话，让人们感受到了她身上依然保留着中国人特有的文化素养。

面对别人的深度赞美，最得体的回答应该是谦逊式的，可以回答“不敢当”，或者“过奖了”，或者“哪里哪里”。当然，如果是特别熟悉的朋友之间，面对这样的深度赞美，还可以回答得更加口语化，比如“你别开玩笑啦”，或者“别捧我了”。这些都是最自然的回答。

如果只是一般性的赞美，该怎么回答呢？比如，“看看，大美女来啦”，或者“你真有品位”。受到这样的赞美该怎么回答呢？面对别人的一般性赞美，回答也应该是一般性的，这时候，一声“谢谢”就足够了。如果过分的谦逊，会显得像煞有介事，会不合时宜。

如何回应别人的自谦，或者自贬

自谦和自贬是我们中国人特有的语言表达方式，是为了表现对对方的尊重。有一次，在一个文化站举办的笔会上，一位老书法家被邀请现场挥毫。旁边站了一位小伙子现场求字，老先生写完之后，非常客气地把书法作品交给这位求字的小伙子，说了一句："小伙子，我老了，写得不好，让你见笑了。"小伙子拿过这幅字，高高兴兴回了一句："没关系，没关系。"在场的人听了这句话，都觉得不对劲儿。老先生的话是客气，是自谦甚至是自贬，这个时候最得体的回复，应该是先反驳对方的自谦再予以赞美，而不是顺着对方的自谦说下去。对于这位小伙子来说，他的想法其实很简单：我很尊重对方，所以才顺着对方说。但他却不知要想表现出对对方的尊重，有些话不能够顺着对方说，恰恰应该先反驳对方，再加以适当的赞美。

面对别人的自谦和自贬，忽略了反驳而只是赞美也是不得体的做法。曾经听到这样的对话：某人说了一句"我很丑"，他身边的朋友接了一句"可是你很温柔"。听起来这是一句赞美的话，但实际上是把人家的自谦认可并接受了。

有些人可能会想，如果对方真的很丑，我再去反驳这不是在说谎吗？社会生活中，追求真实固然是对的，但是给那些没有自信或者初出茅庐的人以适当的赞美，会提高他们的自信心，鼓励他们的奋斗精神，会让他们开心一整天，甚至受益一辈子，这是善莫大焉的一件事。这可比简单地追求真实更为可贵。

如何得体地使用请求语

在向别人提出请求的时候，要使用得当的请求语。请求领导快一点儿批复文件，说一句“您能早一点儿批复吗”；向别人索求一张名片，张口就问“您可以给我一张名片吗”；请别人让一下路，说一句“你让一下好吗”……以上这些说法其实并没有错，可是如果换一种问法，是不是更好呢？比如，“我能早一点儿拿到批复吗”，“我可以跟您要一张名片吗”，“我过去一下好吗”……显然，这样的请求语更得体。前后请求语的区别在哪里呢？在于人称的不同，前面几句话的人称是对方，具有命令和祈使的语气，而后面几句话的人称是自己，是谦恭的请求语气。因此，得体的请求语的说法很简单：少用命令句式，多用请求句式。也就是应该少说“你怎么怎么样”，多说“我想怎么怎么样”，这样的请求语会显得更加客气。这就是请求语的使用技巧。这样，就避免了可能引起对方不快的祈使或命令的口气，而仅仅是单方面提出请求。

类似的例子有很多：售货员应该把“你买什么呀”换成“我能帮你什么吗”，把“你听明白了吗”换成“我说清楚了吗”；提醒来宾时把“请到某地方集合”换成“我们在某地方等您”……简单的人称变换，会使对方感到更加的舒心。

如何得体地表达不同意见和拒绝

公务人员面对领导或长者，要表达不同意见或者拒绝，不适合直截了当或斩钉截铁地表述，应该注意说话的技巧。这里有两个技巧，我们可以借鉴。

第一个技巧，缓冲式拒绝。

即在拒绝语言中增加一些缓冲和含蓄的用词。比如，把“您的说法是错的”加上一个缓冲词“可能”，从而变成“您的说法可能是错的”；把“这件事没法办”加上一个缓冲词“恐怕”，变成“这件事恐怕没法办”。使用了这些缓冲性的词汇，可以避免生硬，而又不影响拒绝的明确性。执法场合、窗口服务不需要如此含蓄，但对于上级领导和高级贵宾，最好使用缓冲性表达方式，这样的做法会给对方留面子。西方人常说“I am afraid the answer is wrong”，意思就是“恐怕这个回答是错的”。其实，说话者已经明确地知道回答是错误的，但加上“恐怕”就使得表达变得委婉了。

第二个技巧，预先式拒绝。

即在对方提出请求之前先把拒绝的理由说出来。假如你的老领导来找你办事，在他说出正式的要求之前，你已经明白了他想要你做什么，而这恰恰是你办不了或者不能办的事，你可以在对方说出这个要求之前就不露声色地把拒绝的理由表达出来。不要等对方正式说出自己的要求你再去拒绝，这样就可避免正面拒绝的尴尬了。使用这个技巧的关键在于不露声色地拒绝。

上述六种客气语的应答，都是生活中最常遇到的，也最能体现一个人的语言水准。其中有些答话很客套，但不要觉得那是废话，因为客套语也是文明。

2.改掉不合适的口头语，避免忌语

说话时，我们或多或少都会有一些口头语。口头语并不是都不好，但一些不太好的口头语最好要改掉。比如，随口说“不”字，或者轻易说对方“错”——习惯于否定别人的人是不受欢迎的；再如，“你明白吗？”“我告诉你吧！”这些都是不好的表达方式，总给别人一种居高临下的感觉；又如，“真没意思”，“真没劲”，这样的话说多了，会给人以索然无味的感觉。

有些口头语属于忌语，是人们比较忌讳听到的话语，也应该尽量避免。比如，“你有病”，这不但是对别人的否定，甚至还会被理解为恶意的诅咒；再如，“你糊涂了吧”，“你脑子不好啊”，这些都是令人不快的忌语；听别人说事情或者讲故事，不要张口就说“我听过了”，或者还没等别人把事情或者故事讲完，就马上把结尾或者谜底说出来；餐桌上的忌语比较多，比如问别人“你完了吗”，或者“你要饭吗”，或者用餐快要结束的时候，看到有人从厕所回来问一句“你吃完了吗”，都是不得体的。在平时的交流中，应该避免这些忌语。

3.开放式话题与封闭式话题

客人到家里来了，主人会问一句：请问你喝点儿什么？客人如果张口要了一样主人家里没有的饮料，主人客人都会感到尴尬。想一想，这是谁的错呢？是主人的错。因为主人没有事先说明家里都有什么样的饮料，那客人当然可以点出自己喜欢的饮料。主人问出的是一个开放式问题，客人就可以开放地回答。其实，为了避免这种尴尬，主人应该这样问：家里有茶水，有啤酒和可乐，请问你喝什么？这时，客人的选择余地就被限定在这三者之间了，也就只能选择其中某一种，或者什么都不选。这便是封闭式的问题，客人的回答只能是在封闭的范围内进行。

理解了开放式话题和封闭式话题，可以对语言表达做出很大的改善和优化。交谈过程中，如果想要让对方多说几句话，就问出一个开放式的话题，对方就可以海阔天空地随意展开；如果不想让对方随意展开，那就用封闭式的话题请对方有限定范围地回答。陪同贵宾聊天，最大的难处往往是不知道贵宾是否喜欢交谈。这时，可以用开放式话题和封闭式话题交替试探，如果贵宾喜欢交谈，就可以多给贵宾提些开放式话题，请贵宾自由发挥；如果贵宾不喜欢交谈，陪同者又不能滔滔不绝地自说自话，更不能冷场，那就可以提些封闭式话题，请贵宾简单作答。与不善言辞的人聊天，不要开始就提开放式话题，而是要先从封闭式话题开始，逐步鼓励对方从一问一答，到一问多答，再适时与对方进行开放式的交谈。

专家小贴士

领导干部主持会议，主持人对嘉宾的访谈，也都可以使用这种方法。需要放开发言的时候，就提出开放式话题，需要收回话题的时候，可以不露声色地对话题做封闭性处理。这样，交流看似行云流水，无所限定，但实际上话题的主动权始终掌握在领导或主持人的手里。

4.传达信息尽量准确到位

与人交谈的时候，要让自己变得更加睿智。凡是对方说过的话，或是提及的事情最好都要用心记住。尤其是对方的姓名、年龄、职业等个性化问题，一定要一次性记住。反复询问，或者需要重复多次才记住，会被看做对对方的不重视。如果不是初次见面，可以把以前见面时得到的关于对方的某些信息重新提一下，这样会让对方感觉受到了重视。

我们都曾见过这样的人，在记录对方电话号码的时候，需要对方重复几次才能记下来，在别人看来，这样的人很迟钝。对方在报电话号码的过程当中，你一定要认真地听，而且争取一次就记住，千万不要对方报一个数字你记一个数字，即使一次记不全，最多两次就应该全部记下来。向对方报电话号码时，不要一次报出11个数字，最好是前面7个数字放在一起，后面4个数字放在一起，这样的报法有一种节奏感，对方更容易记住。

专家小贴士

俗话说“良言一句三冬暖，恶语伤人六月寒”。无论是社交场合还是政务场合，交际语言都起着重要作用，交际双方是融洽合作还是不欢而散，在很大程度上都取决于语言的艺术。美国前总统里根第一次访问加拿大的时候，曾遭到加拿大反美人士的集体示威，反对的呼声一浪高过一浪，让加拿大总理十分尴尬。然而，面对如此难堪的场面，里根却没有表示出丝毫的不满，而是笑容满面地说：“没关系，在美国也经常发生这样的事，我甚至怀疑这些人是专门从美国赶到贵国的，想让我有一种宾至如归的感觉。”里根的话赢得了一致好评。由此可见，有理不在声高，说话不一定要有棱有角、咄咄逼人，能够化解困局、化被动为主动的语言艺术，才是最高超的语言艺术。

5.语言表达的四个层次：清楚、生动、有用、魅力

公务人员都会有面对众人讲话的机会，这是最能够体现语言水准的时候。一次掷地有声的讲话，仔细分析下来，可以分为四个层次：

第一，最重要的是把话说清楚。有些领导干部语言表达很不清楚，或是口齿不清，或是表意不明，或是根本不知所云。把话说清楚，这是语言表达的根本要求。

第二，语言表达要生动有趣。平铺直叙的报告式讲话，或者过于呆板的表达方式，或者是贫乏的遣词造句，没有人愿意听。领导的讲话要充满激情，具有鼓动力，而且还要具有生动有趣的色彩，让别人听着入神，甚至回味无穷。

第三，语言表达要言之有物。有些领导干部说起话来空话连篇，内容空洞，说了半天一点儿有用的东西都没有。其实，凡是对人有益、有用的话，听众大多不会走神。对人说话时，应该经常换位思考：这些话是否对人有用，是否说到点子上。否则，最好少说话。

第四，语言表达要有魅力。通过一次交流为自己的个人形象加分，给别人留下深刻而美好的印象，让别人看到自己的个人魅力，这样的交流才是我们的目标。交流过程中，要把自己的神态、仪态、说话的技巧、对受众的心理判断全部调动起来，全方位地、充满自信地

展现自己的个人魅力。

当然，当我们年轻的时候，没有经验的时候，级别比较低的时候，我们可能还无法一下子把这四个层次全都做得尽善尽美。但语言表达的这四个层次，完全可以通过阅历的不断积累，水平的不断提高而逐步臻于完善，我们应该抱有信心。

6.言出必行：珍视自己的每一句承诺

言出必行是一种美德，也是每个人塑造自己形象的方式。不要轻易做承诺，但只要是自己做出的承诺，就一定要去实现它。当你对上司说 “方案我会在三天之内完成”，那就必须三天之后交上；当你对客户说“我今天忘了带名片，明天给你”，那明天一定要给他。有些朋友把随口许诺当成了家常便饭，这样会给人以言而无信的印象。说到底，人际沟通是一种心灵的沟通，如果没有起码的信任感，任何技巧都无法实现真正的心灵沟通。

其实，我们在生活和工作中的每一个细节，都是在树立自己的品牌。这个品牌不一定非得有多大的经济价值，但它远比经济价值更值得我们去追求，而这个品牌的第一要义就是要有诚信。

7.人际交流的黄金法则和白金法则

人际沟通的黄金法则：你想要对方怎么做，你就先怎么做

黄金法则：你想要对方怎么做，你就先怎么做。比如，你想要

得到对方的名片，你先给对方递一张名片；你想让对方尊重你，你先尊重对方；你想让对方对你表现得友好一点儿，你先对对方友好一点儿；你想让对方在这个场合中，表现得庄重一些、严肃一些，你自己首先庄重、严肃一些。希望对方怎么做，自己先怎么做。

人际沟通的白金法则：对方希望你怎么做，你就先去怎么做

近十几年来，人们对黄金法则做了进一步的提高，将它升级为白金法则。

白金法则：对方希望你怎么做，你就先去怎么做。对方希望你递交一下名片，那你就先把名片递交过去；对方想要知道你的身份，你先主动做一个自我介绍；对方在某个场合感觉比较尴尬，你先去消除对方的尴尬；对方希望在某个场合不多说话，那你就先少说话；对方希望你多说话，你就多说几句话。

白金法则看起来容易，做起来并不容易。因为你首先要知道，别人到底希望你怎么去做，当然，这并不意味着要一味地迎合别人。要想真正掌握人际沟通的原则，最关键的一点就是用心去观察，用心去感悟，用心去品味。

本章最后，讲一个“狼占洞”的故事。

有一只狼在洞里面生活，突然有一天，一只兔子跑进来了，狼就去追，结果兔子在狼洞里面跑来跑去，从一个小洞钻走了。于是，狼把这个小洞堵上了。又过了一天，洞里面又进来一只松鼠，狼赶快去抓，结果松鼠爬上了洞壁，又从另外一个小洞钻出去了。于是，狼又把那个小洞堵住了。到了第三天，洞里面又来了一只麻雀，这一次狼

拼命去追，结果洞的上方还有一个洞，麻雀从那里飞走了。于是，狼就把自己头顶上的洞也堵住了。到了第四天，狼很高兴，它想，所有的洞口都堵住了，我看猎物还往哪儿跑。但是，第四天洞里进来的是一只老虎，结果大家可想而知。

这个故事，是在旁证我们一直在倡导的一个话题，要想真正与对方有一个融洽的沟通，就要给对方留出余地。给对方留出了余地，也就是给自己留出了余地。

许多争强好胜的人，在很多场合都争当主角，但往往就是这种争强好胜把他们带入绝境。有些人喜欢跟人争论，而且一定要争出一个高低输赢来。表面上他赢了，实际上他已经输了。因为在他战胜别人的同时，他没有给别人留出余地来，也就堵住了自己的一条路。给别人留出余地，就是给自己留出余地，只有这样，人和人之间才能够真正做到人际沟通中的完美，心灵沟通中的融通。

结语 中国传统社会一直有“巧言令色，鲜矣仁”的思想，这主要是对那些别有用心、工于心计的人所言，绝不是说能说会道、能言善辩有什么不好。实际上，对公务人员来说，提高语言技巧，增强表达能力是提高业务能力的重要指标。我们掌握的语言技巧可能不多，也可能永远无法达到语言大师的水准，但让自己的语言美化一些，是我们一定可以做到的。不让自己的语言带脏字，不说那些惹人不快的话语，慎重对待自己的每一次承诺，这样的人比单纯地追求语言技巧的人更值得尊重。

第九章
民族、宗教礼仪

中国自古以来就是一个统一的多民族、多宗教国家，由于文化背景等因素的差异，许多民族都有自己独特的风俗习惯和宗教信仰，这就要求公务人员对各民族的风俗礼仪、习惯禁忌以及重大节日等有一个全面的了解，以便在开展不同民族间的交往工作时能够得心应手，并且避免伤害少数民族同胞的民族感情。

一 尊重少数民族的民族习惯

每一个民族都有其产生、发展和消亡的过程，由于生活环境、社会经济条件等的不同，生活在我国的各民族在婚礼、生育、丧葬、服饰、饮食、居住、节日、礼节和文娱体育等方面都有着自己的习俗。这些少数民族的风俗丰富多彩，都具有浓郁的民族特色，把所有少数民族的习俗放在一起，就像是一个五彩斑斓、变化万千的大“万花筒”。

各民族人民的风俗习惯都是在长期的生活中形成的，不仅融入了深厚的民族情感，也体现了每个民族独有的民族特色。各民族人民都把其他民族对本民族风俗习惯的尊重看做是对本民族的尊重，把其他民族对本民族风俗习惯的轻视看做是对本民族的歧视。所以，公务人员在与兄弟民族交往的过程中，切记要尊重对方的风俗习惯。

各民族在饮食起居、礼仪交往的风俗习惯中，都有一些禁忌。这些禁忌都是在长期生活中形成的，也是约束本族人民行为的准则。尊重民族的习俗，我们就要知道这些禁忌：达斡尔族人和鄂温克族人忌讳用刀、剪等带利刃的东西指着人；满族人、瑶族人、畲族人禁食香肉，也就是狗肉；高山族人在祭祀、出猎和丧葬的时候忌吃鱼。

这里需要特别提到的是，我国少数民族中的回族、维吾尔族、哈萨克族、乌孜别克族、塔吉克族、柯尔克孜族、塔塔尔族、保安族、撒拉族、东乡族十个民族是信奉伊斯兰教的，有其自己的饮食风俗和禁忌，需要注意。

如果在交往过程中，因一时不了解兄弟民族的风俗习惯而无意中触犯了民族禁忌，那么就要及时真诚地道歉，以求得谅解。如遇故意触犯少数民族禁忌者，视破坏民族团结的情节严重度进行处理。

专家小贴士

世界最奇特民俗

洪都拉斯人给孩子取名非常有“创意”，有人叫“汽车轮胎”，有人叫“闪亮插头”，还有人叫“感谢上帝”；马达加斯加人每隔一段时间就会举办“翻尸节”，即把祖先的遗体请出来，围着它跳舞；多哥人举行葬礼时男女老幼通常都会身着五彩盛装，载歌载舞，欢笑不绝，庆祝逝者的灵魂回到了祖先和神灵身边；马来西亚半岛上有一个“懒族”，这个民族的土著人既不耕种，也不打猎，完全靠政府每月空投一次食物、日用品来维持生活，是不折不扣的“衣来伸手、饭来张口”。

二、在宗教问题上谨言慎行

民族与宗教一直有着密不可分的关系，民族既然有着与之相应的民族礼仪，宗教自然也有宗教礼仪。

公务人员在执行公务的时候，往往被群众看做是政府的化身或代言人，因此，在与宗教界人士接触时，必须要注意自身的态度和言行，最大限度地给予对方尊重。切忌擅自对宗教界人士行为进行贬低、侮辱或歪曲，否则不仅会违反我国法律与党和国家的宗教政策，重者还有可能导致纠纷，引起大事端。

除了对本国宗教信仰者的尊重之外，我们还应尊重外国的宗教信仰者。这种尊重应当在中国人与外国人面前一律平等。对于外国人正当的宗教信仰，我国基层公务人员不得加以制止、干涉或妄加议论。

在与外方人员接触时，倘若涉及宗教问题，不懂的时候不要装懂。在确实有必要参加外方宗教活动时，也一定要尊重与对方有关的讲究与禁忌，千万不要乱说、乱动、乱模仿，更不要对其指手画脚。

按我国法律的规定，所有基层公务人员在境外参加活动时，在未经上级机关批准，或非经东道主安排、邀请的情况下，一般不应主动要求或直接参加当地的宗教活动。即便是参加一些可以参加的境外宗教活动，也应在不触犯当地法律、不干涉所在国内政、不介入当地宗教纠纷，及不损害我国国家利益的前提下进行。

结语

世界是由众多不同民族共同组成的，每个民族都有自己灿烂辉煌的文化，尊重不同民族的习俗，体现了礼仪的基本诉求。

第十章
涉外礼仪

对外开放是中国的一项政策，在机关工作的人士都有很多机会跟外国人接触，参加涉外活动。对外交往中的双方都希望把自己的意愿准确地传达给对方，也都希望完全读懂对方的真实意愿，因此双方必须站在同一个平台上，使用“共同语言”进行交流。这种“共同语言”除了口头语言之外，还包括肢体语言和交流习惯，这就是涉外礼仪。这些涉外礼仪，世界各国都在学习。

一 悬挂国旗要依照国际惯例

国旗作为国家的象征，也有其相应的礼仪。比如，国际交往时会依照惯例悬挂本国和其他相关国家的国旗，这种礼仪既表达了对本国的热爱，同时也表达了对他国的尊重。

一般来讲，在进行官方友好往来、召开国际间会议、举办国际性博览会，或是举行国际体育赛事时，按照国际礼仪惯例，需要悬挂有关国家国旗。

在国际交往中，悬挂国旗并非只是一种礼仪，更是一件极其严肃的事情：悬挂他国国旗是借此向他国表示尊重与敬意，所以在悬挂国旗时不仅不能将他国国旗弄错、挂错，还须在悬挂他国国旗时给予其适当的礼遇和尊重。

如果遇到需并排悬挂两国国旗的情况，应按国际惯例以国旗自身面向为准，按以右为尊的原则在右边悬挂来访国国旗，左边悬挂东道国国旗。

在重要国宾搭乘的轿车上同时悬挂两国国旗时，则应以车辆行进的方向为准，以驾驶员面向的右侧悬挂来宾所在国国旗，左侧悬挂东道国国旗。

如果需要同时悬挂多国国旗，那么通行的做法是以国旗自身面向为准，右侧悬挂第一贵宾国的国旗，左侧悬挂第二贵宾国的国旗，以此类推，交叉排列。

二 出访别国切记进退有据

说到涉外礼仪就不能不说出访礼仪，公务人员在出国访问之前，一定要做好相关准备、办妥相应手续。世界上许多国家和地区都有着不同的礼仪风俗，有些还是相反的，所以公务人员一定要了解即将出访的国家的文化、风俗。到了别国，在不违反原则的前提下做到“入乡随俗”、“客随主便”，按照出访规定的权限处理对外事务，严格执行请示报告制度，同时妥善保管随身携带的文件，做到严守国家机密，严禁窃照、窃听、泄漏国家机密。

1.准备工作做到位

在涉外活动中，在所难免地要涉及出访。在出访之前，我们应该事先做好一切准备。

首先，我们要确定出访国与出访日期。按照惯例，在国际交往中的任何重要出访活动，均须由有关双方通过外交渠道协商确定。而一般性的出访则既可以通过处交渠道联系，也可以由有关双方直接进行联系、协商并商定。至于出访的具体日期与持续时间，则通常由访问方提出，与东道主协商后确定。这里需要注意的是，在一般情况下，出访的具体日期最好避开东道主方重要的节假日和重要的活动时间。

确定了出访的日期后，出访国应将一切细节经过报批，并通报给东道主国。目前，就我国来讲，凡正式因公组团出国访问，必须要依照有关方面的规定，报请上级主管部门审核、批准后才可执行。

得到本国相关部门批准之后，在出访之前，出访方还需要以传真或电子函件的形式将本次出访通报给东道主方。这一通报的内容应当包括访问的性质与目的、访问的日期与停留的天数、抵离目的地的航班或车次，以及全部出访者的名单。按照国际惯例，出访者的正式名单必须按礼宾序列进行排定。

如果双方达成了出访共识，就需要办理护照与签证了。护照是一国公民在出入本国国境和到境外进行旅行或居留时，必须持有的国籍证明和合法身份证件。而签证则指的是一个主权国家的主管部门，为同意持有合法护照的外国人出入或过境本国领土，而正式颁发的签注式证明。如在办理签证时，目的国使领馆需要出访者的指纹信息，应获得上级部门的许可，才可提供。

2.公共场所有分寸

外出访问时，可能会在东道主方公共场所出现，这就涉及了涉外公共场所的文明礼仪。这时需要注意的有如下几项：世界各国在尊老爱幼方面都一样，老人、妇女、儿童、残障人士都是优待的首要对象；尊重访地的风俗习惯，尽量做到客随主便，不要在别人的地盘上搞特殊；举止应该落落大方、端庄稳重，表情要自然诚恳；与人谈话时，切忌手势太多，用餐时谈话不要用手或刀、叉、筷子指着对方的鼻子；如果不小心与别人发生了碰撞，不论责任在谁，都应向对方表示歉意，这就是外国人常说的“你给他微笑，他不会还你拳头”的道理。

如果要去参加某项活动，那么注意不要食用具有异味的食物，如葱、大蒜等。如果同行的人过多，千万不要并排在街上行走。通过自动扶梯上下楼时，应靠右站立，因为左边是给需要急行的人留出的通道。

在听演讲、看演出时，一定要保持肃静，切忌大声喧哗，左顾右盼。（见图43）

行程中如果有参观一项，在参观的过程中，跟随主人同行时位次要适当，切忌自行趋前或另行一路。如果需要拍照，应事先向接待人员了解对方有无禁止拍摄的相关规定。如果在现场决定拍照，要向主人问清能否拍照，在得到许可后再拍照。

参观游览虽然对服装的要求不是很严格，不必着礼服，着西装的话也可以不打领带，但仍应注意着装清洁整齐，仪容也要适当修整。

出访人员、团组要求参观某地时，可通过书面、电话或面谈方式向接待单位正式提出申请，在接待单位允许后方能成行，严禁自行组织参观。申请参观的内容要符合访问目的和实际，尽量不要强人所

▲（图43）公共场合听演讲要保持肃静，不宜左顾右盼

难。在得到接待方许可之后，参观之前还要核实时间、地点和路线。

专家小贴士

外出访问时，要想得体应对人际交往中的问答，一定要事先了解两国肢体语言方面的文化差异。美国著名作家罗杰·阿克斯特尔曾经应邀出访法国，宾馆的服务人员热情地问他："您对房间还满意吗？"他打了一个"OK"的手势，结果服务人员非常尴尬，立刻说："如果您不喜欢，我们给您换一间吧。"原来，大多数法国人把这个手势理解为"零"或"无价值"。

三 外事无小事，九大原则要遵守

多年以来，中国的对外交往工作一直秉承“外事无小事”的原则，力求在纷繁复杂的国际环境中，找准自己的位置。由于各国文化背景不同，因此涉外交往有着许多特殊的礼仪，为了帮助公务人员尽量做到不出纰漏，下面总结了九大原则，希望能给你带来帮助。

1.你敬我一尺，我敬你一丈

相互尊重首先要尊重对方，去参加涉外会见，要本着律己敬人的出发点做好各项准备；相互尊重也要体现出双方的平等，具体表现为主权平等和人格平等。这两个平等并不是简单的一句话就能说完的，比如，双方可以在谈判桌上据理力争，但是不管怎么争论，都要尊重对方的人格。

相互尊重还要做到自尊自爱。只有维护自尊才会得到对方的尊重。自尊自爱要做到自己的人格、等级、品位、形象等在别人面前都表现得恰如其分，要充满自信。过分的谦卑和迁就是得不到对方尊重的，也就无从实现相互尊重的初衷了。

2.对方什么级别，就用什么规格

涉外活动过程中的对等平衡是这样体现的：一次外交会见、外事会见，首先应该做到的是出席人数要基本对等，外方来几个人，中方出席的人数也要基本相同；其次，还应该做到规格对等，对方用什么级别的人员来跟我们进行交往，我们就用什么规格来进行接待。比如，对方是部门领导级的，我们也应是部门领导级的，对方是首脑级的，我们也应派出首脑级的。

随着对外开放的深入，特别是地方招商引资工作压力的增大，适当地破格也是允许的。中国有一个非常出名的破格的例子叫“小球推动大球”。中美建交前夕，周总理安排有关方面向美国乒乓球队发出了邀请，欢迎他们到中国来。仅仅是一支乒乓球队，周总理却跟他们进行了很长时间的会晤，而且还请他们吃饭，轻松活泼的交流给美国乒乓球队员留下了美好的印象。以此为契机，中美双方开始了震惊世界的外交谈判直至最后建交。这就是所谓的“小球推动大球”。同样，在地方的招商引资工作中，为了表达我方的友好和重视，地方领导也可以适当地安排些破格会见，但是**一定要注意恰到好处，而不是经常状态。**

3.傲慢与自卑都不可取

既不过分谦卑，也不过分傲慢，而是以一种从容、大方的心态来进行交流，这是外事工作“以我为主，兼顾他人”的最好体现。一次成功的合作，双方都是胜利者。不要试图全方位地压倒对方，更不要试图把对方“治服”：你看我今天能够把你治服，喝酒你就是喝不过我；当然也不要过分自卑：你们的技术比我们高级，你们的理念比我们先进，我们要全部接受你们的方案。这两个极端，都是外事工作的大忌。

4.内外有别，心里要有杆秤

外事、内事要分别对待，具体来说，有四个不同：

交谈的内容有别　跟外宾可以说什么，不可以说什么，哪些表态一定要作，哪些话题一定要保密，涉外工作者心里一定要有一杆秤。

礼仪的形式有别　对外交往以国际礼仪为准，身着西服，以右为尊，女士优先，这些都与对内交往的惯例有所不同。

交往方式不同　对外交往涉及国际惯例、法律体系、民族宗教，以及文明习俗等问题，必须经过有关部门审核把关，因此外事工作授权有限，必须坚持请示汇报制度，而不是领导干部现场拍板；此外，不可以单独接触外国人，一般的会见不要单独进行，私下的交往要事先请示。

以右为尊　主要是指座次安排，前面我们已经讲过座次排序了。公务机关对内活动应遵循以左为尊，而对外活动应以右为尊。在会议室进行外事会见时，以当事人的面向为准，中方坐在左边，外方坐在右边；在我国为东道主的国际会议场合，如果主席台居中设立，需要进行官方合影时，中间应是中方领导，右侧是第一外宾，左侧是第二外宾；国际学术会议或者论坛式会议主席台的布置，演讲嘉宾应在舞台的右前方；文艺演出时的两位主持人在舞台上的排序，应该是女士站在右边，男士站在左边。

5.对待差异不要大惊小怪

不同的民族、不同的文化、不同的体制、不同的意识形态、不同的价值观，必然会给双方的相互认同和相互信任带来重重困难，对此不必大惊小怪。其实对外交往，差异是一定会存在的，正确的做法是不要过分地强调和渲染这种差异，而是要强调双方共同的利益点，强调双方共同的合作愿望。强调共识，淡化差异，是外事工作的原则和技巧。

20世纪五十年代，新中国建立初期，由于西方国家的敌视和封锁，中国的外交工作困难重重。在万隆会议上，面对西方国家对中国的无端指责和各种误解，周总理临时放弃原定的讲话稿，光明磊落地向与会代表发出了声明：中国代表团是来求团结而不是来吵架的。随后他阐述了中国的原则与立场，以及那些敌视的声音的错误之处，并指出，为了不引起争论，中国可以暂时不提出那些敏感问题，而是更愿意与世界各国进行心平气和地交流和对话，还指出虽然我们的思想意识、社会制度以及宗教信仰等都有所不同，但这都不应该妨碍我们求同和团结。正是由于周总理一番求同存异的即兴演讲，万隆会议后半期是朝着有利于中国的方向发展的。中国有句古语“君子和而不同，小人同而不和”，说的是君子可以在比较融洽的气氛中依然保持自我，而小人却在表面上迎合别人，但内心却并没有抱有一种和谐友善的态度。

6.入乡随俗——到什么山上唱什么歌

出国到了一个新地方应先了解当地特有的风俗习惯，尤其是各种忌讳，触犯了这些禁忌会给双方的合作带来很不好的影响。有一个非常出名的故事，邓小平在访问美国时，出席了一个赛马仪式，骑士们聚集在一起以牛仔的方式进行比赛。邓小平坐在观礼台上，这时候有一位女骑士纵马前来，给邓小平赠送了一顶牛仔帽。作为一位国家领导人，邓小平可以戴上这顶牛仔帽，也可以礼貌地接受下来但不戴，在场很多人都不知道邓小平会怎么做。邓小平大大方方地拿过牛仔帽，戴在了头上。当时现场一片欢呼之声，这就是入乡随俗，是对对方的一种尊重。

在国与国的交往中，为了表示郑重，人们必须讲究礼仪。可每个国家的外交礼仪又不完全一样，都会加入本国的民族礼仪传统因素，使其更具有本国的特点。

欧美国家一直在近代史的舞台上扮演着主角，所以当今流行的国际礼仪受欧美国家的影响较大。如今国际礼仪的很多形式、程序，都是直接来自欧美国家，比如，欢迎国家元首时鸣放礼炮21响，这一礼仪来自英国；再如，西服上系的领带，据说来自法国；还有亲吻礼，据说来自意大利。

现在的国际礼仪不仅吸纳了西方欧美国家礼仪，同时也伴随有其他国家和民族的贡献。有些民族礼仪在国际礼仪中体现得很多，如贵宾到南亚诸国访问时，主人会向客人敬献花环，并亲手将其套到客人的脖子上，这种花香扑鼻、热烈隆重的欢迎仪式很受人欢迎；访问俄罗斯和其他属于斯拉夫民族的国家时，主人会让盛装美丽的少女双手捧着新烤制的面包献给客人，除此之外还要外加一小碟盐，请客人撕一小块面包蘸着盐吃下。

再比如在泰国、印度和中东一些国家，他们认为左手是不清洁的，因为那是洗澡和上厕所用的，所以在这些国家，用左手递送食物和礼品，会被认为是不礼貌的。另外，泰国人很重视头部，却轻视双脚，如果有人用手触摸了泰国人，不论大人还是小孩的头部，那么都将会被认为是一种失礼的行为，甚至会因此而引起纠纷。而泰国人的脚是不能用以开门和指东西的。

还有，伊斯兰国家的妇女见面时不能握手，也不能拥抱，更不能接吻。中国人有个习惯是“点头yes摇头no”，但在保加利亚、斯里兰卡和印度等国却恰好相反，他们点头的时候表示的是“no”，而摇头的时候则表示非常赞同。

总之，每个国家和民族都有自己的风俗和礼仪，这就要求公务人员在出访时，一定要做到入乡随俗。

7.信守约定也是维护自己的尊严

信守约定是中华民族的传统美德，在对外交往的时候更应该坚持这种美德。信守约定有三重意思。第一，要慎重承诺。自己可能做不到的，或者根本做不到的，一定不要去承诺。第二，严守承诺。一旦作了承诺就一定要去实现它，这实际上是在维护自己的信用。第三，失诺道歉。一旦由于各种各样的原因没有实现承诺，一定要道歉。有些人觉得道歉是一件很丢人的事，其实从文化、礼仪、外事交往的角度来看，大度得体的道歉，不但不会损害自己的尊严，反而会增强自己的尊严，因为敢于面对自己的失误，会给人以信任感。

有些领导在会见外宾的时候，习惯随口作出承诺，事后却不去履行，不管这个承诺是否重大，都会影响自己的形象。比如，参加会见的时候没有带名片，有些人会随口说一句：今天我没带名片，下次我带给你。但到了下次会见的时候，他仍然没有带来，实际上他早已经忘记了。当然，对方有可能也忘记了，但是如果下次如约带来一张名片给对方，会给对方一个惊喜，而且会给对方留下一个印象，眼前的这位真的是一个信守承诺的人。

8.尊重他人隐私，不做“包打听”

好朋友之间交情到了一定深度，彼此交流一点儿个人隐私是很正常的，但是对外交往时，我们要注意这可不是交情的问题，因为西方文化强调的是彼此的独立性，强调的是要尊重个人隐私，随意打探对方的隐私会被视为没有教养。

一般来讲，在国际交往过程中，有八个方面的问题均被视为个人隐私问题，是不能随便问起的：收入支出不能问，年龄大小不能问，恋爱婚姻不能问，身体健康不能问，家庭住址不能问，个人经历不能问，信仰政见不能问，所忙何事不能问。

这并不是外国人“矫情”，而是他们普遍认为这些纯属个人的事情，没必要让别人知道。如果你真的要问，也应该说“我可以问你……吗”，至于对方告不告诉你，那就由他决定了。如果他不想告诉你，那么你最好不要不停地问来问去，这不仅很招人烦，也很失礼。据统计，英国是世界上最喜欢谈天气的国家，除了天气多变的因素外，社会交往不谈隐私也是一个很重要的原因。

9.女士优先是国际场合的礼仪共识

世界各国都有自己特定的习俗和礼仪文化，可是如果把这些习俗放在国际社会的大环境中总结一下，国际社会的第一礼俗是什么？答案就是女士优先。Lady first是世界各国在对外交往中普遍遵循的礼仪共识。女性被看做人类的母亲，尊重女性就是尊重人类的母亲。在国际场合我们经常会看到这样的情形：一些级别很高的男士在走进一扇门之前，会刻意地转过身来，看看身边有没有女士，如有女士，他们会请女士先行。在西方人看来，这是具有绅士风度的做法。其实这与我们中国人尊重父母和长者的观念是一致的。西方社会的第一尊者是女性，中国社会的第一尊者是长者，一个是按照性别来划分，一个是按照年龄来划分，这都是人类文化的自然体现，具有异曲同工之妙。

关于女士优先，在中国特定的文化氛围里，男士们不一定非得做得面面俱到。但在一般的外事活动场合，男士们最好遵循国际礼仪，做到以下几点：如果不能并排行走，男士应请女士走在前面；女士就座，男士应为女士拉开椅子（见图44）；女士离座，男士应起身或欠

▲（图44）女士优先原则

身致意；男士应接过女士脱下的外套挂起来，离去时应主动协助女士穿上外套；上车时，男士应为女士拉开车门，下车时，男士应为女士关上车门。

以上介绍的就是涉外工作的九大礼仪。这九条原则听起来有些空泛，但其中的每一条都可以实实在在地落到实处。遵守这些国际惯例，实践这些涉外礼仪，是公务人员应对涉外活动的起码要求。

有些朋友曾经问过这样的问题，涉外交往可不可以用中国传统礼仪？当然可以，这要取决于彼此交往的程度和相互关系，如果彼此非常友好或者相互熟悉，以中国的礼仪待客也是表达这种友好关系的良好方式。但如果是面对陌生客人，那就应该遵循国际礼仪，因为这是世界各国的共识。主客双方要共同使用一种彼此都了解的通用“语言”去进行交流，这种通用“语言”就是我们本篇讲到的涉外礼仪。

专家小贴士

外交趣闻——国书递给谁?

位于欧洲南部的圣马力诺共和国是世界上最小的国家之一，这个国家有两位元首，其权力、责任都相同。1994年，我国驻意大利兼驻圣马力诺共和国的吴明廉大使曾奉命递交国书。事前，他向该国礼宾官员请教国书应该递给哪位元首，得到的回答是“递给谁都行”。吴大使再三考虑，最后站在两位元首前面的中间位置行鞠躬礼，同时递上国书，结果左侧的元首伸手接了过去，右面的一位同样笑容可掬。

结语　对外交往中的各方都希望准确地传达自己的意愿，也都希望完全领会对方的真实意愿，因此各方必须站在同一个平台上，使用同一种“语言”进行交流。这种共同的“语言”除了口头语言之外，还包括肢体语言和交流习惯，这就是涉外礼仪。这些涉外礼仪，不仅中国人在学习，世界各国的人们也都在学习。

古人云：仓廪实而知礼节，衣食足而知荣辱。中国人民的物质条件在近几十年里有了翻天覆地的提高，礼仪之邦的“文明基因”召唤着每一个中国人以“明礼仪重荣辱”的心态和面貌去提高自己的生活品位，越来越多的人都以“从自己做起，从身边做起”的心态去学习礼仪、践行礼仪。每一名公务人员，都应该是礼仪的忠实倡导者和实践者，用符合礼仪的方式去对待周围的工作和生活，这会使工作更加得心应手、政治前途更加灿烂光明。当然，在我们身边，还有一些人暂时没有意识到礼仪的重要性。作为忠实的礼仪实践者，我们应该坚定地用自身的礼仪行为去影响他们，毕竟礼仪追求的境界是“宽容”。

最后，作为本书的结尾，我用一句老生常谈的话来与大家共勉：严于律己，宽以待人！

后 记

《政务礼仪》这本书终于出版了，我感到很欣慰。关于此书，我前前后后准备了十年。在这期间也有不少出版社来约稿，但我总觉得准备还不够充分，故而迟迟没有动笔。所谓“十年磨一剑”，现在，我可以负责任地对读者朋友们说：“好好读完这本书吧！它会对你有用的。”这本书里的每一个字，都是言由心生，都是我对政务礼仪的真实理解。书中提到的每一种情景，都来源于实实在在的工作。如果你是一位公务人员，那么书中的每一个章节，甚至每一个话题都是与你的工作息息相关的；如果你不是公务人员，那么书中的很多内容对你也是有用的，因为中国很多行业的礼仪规范都是以政务礼仪作为参照的。

礼仪最重要的践行理念就是把自己对别人的尊重用使别人感到最舒服的方式表达出来。礼仪要“发乎内而形于外”，就是要用自己的真情实感去表现礼仪，而不必刻意地去追求细枝末节。有些朋友认为讲究礼仪会使人变得刻板，并与人产生距离感。其实，真正的礼仪从来都是讲究以人为本和顺乎人情的。在有魅力的人身上，我们可能看不到礼仪的影子，因为他们已经把礼仪升华至“大象无形”的境界了。

总体来说，礼仪有三种境界，最起码的要求是真诚，其次才是准确，最高境界则是自然而然。我们只要从基本的礼仪知识开始学习和积累，并不断地内外兼修，时刻抱着律己敬人的心态不断进步，相信都可以达到最高的境界。

在本书的创作过程中，前外交部礼宾司司长鲁培新先生、人民大会堂王明辉先生、济南市政府唐忠先生以及龙口港集团有限公司刘日辉先生都对我有过极大的帮助和启发，在此向他们表示深深的敬意和感谢！另外，我还要向本书在约稿和编审过程中对我提供过帮助的赵俊仙女士、尹磊先生、宁德伟先生以及陈平先生表示感谢！

杨金波

于清华大学清华园

故人无礼则不生，事无礼则不成，国家无礼则不宁。

——荀子